산전수전 다 겪고 알려주는
**진저의 실전 미국 영어**

# 산전수전
## 다 겪고 알려주는
# 진짜의
# 실전
# 미국 영어

조향진 지음

토마토
출판사

저는 영어권 국가에서 태어나지 않았고, 조기 교육을 받은 적도 없으며, 20살이 넘어서 본격적으로 영어 공부를 시작했습니다. '미국에 살고 미국인 남편이 있으니까 영어를 잘하는 게 당연하지'라고 생각했던 사람들은 이런 제 이야기를 들으면 깜짝 놀랍니다. 그리고는 이렇게 물어봅니다. "어떻게 하면 진저님처럼 영어를 잘할 수 있나요?"

저의 가장 큰 비결 중 하나는 실수를 두려워하지 않고 얼굴에 철판을 까는 것입니다. 뻔한 이야기로 들릴 수 있지만, 막상 해보면 말처럼 쉽지 않아서 실천하지 않는 사람이 많습니다.

한국인은 예로부터 체면을 중요하게 여겨왔기 때문에 남이 나를 어떻게 생각할지 신경을 많이 씁니다. '문법이 틀려서 상대방이 비웃으면 어쩌지?', '발음이 어설프다고 놀림당하는 건 아닐까?' 등, 우린 영어를 하기 전 별의별 걱정을 다 합니다. 그 마음 다 압니다. 예전에는 저도 그랬으니까요.

예전의 저와 같은 어려움을 겪고 계실 여러분에게 드리고 싶은 말이 있는데, 실수했거나, 뭔가를 잘 모를 때 당신에게는 두 가지 선택이 있습니다.

첫째, 실수를 부끄러워하며 움츠러들고, 나의 무지를 드러내지 않기 위해 시도조차 하지 않기.

둘째, 실수를 교훈 삼아 배우고, 모른다는 걸 인정하며 새로운 것을 받아들이기.

지금의 저는 영어를 잘합니다. 하지만 처음부터 잘하지 않았습니다. 수많은 시행착오를 겪고, 부끄러운 경험을 극복하면서 여기까지 왔습니다.

이 책을 통해 저의 어설픈 영어와 실수로 인해 생겼던 에피소드를 풀어놓으려 합니다. 그리고 저의 좌충우돌 실수는 아직도 진행 중입니다. 배움은 평생 함께하는 거니까요.

'잘하는 사람에게도 그런 시절이 있었구나', '이런 부끄러운 경험을 나만 겪는 게 아니구나'라며 독자분들이 공감을 해주신다면, 이 책을 쓰는데 들어간 수많은 노력이 보상받을 것 같습니다. 나아가 저의 이야기를 웃으면서 읽고, 영어 학습에 대한 용기를 얻게 된다면 저로서 더할 나위 없이 기쁘겠습니다. 당신도 영어를 잘할 수 있습니다.

화이팅!

진저 드림

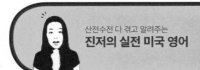

산전수전 다 겪고 알려주는
**진저의 실전 미국 영어**

| 목차 |

 **교과서에 안 나오는 미국 일상 표현**

**한국인처럼 생각하면 어리둥절해지는 영어 표현**

## 현지에서 써먹는 쿨한 슬랭

## 원어민이 쓰는 찰떡 어감 표현

## 야한 단어가 없는데 얼굴 빨개지는 19금 표현

교과서에 안 나오는
미국 일상 표현

# 001

# 거짓말을 했는데
# 왜 lie가 아니라 buy를 쓸까?

'거짓말' 하면 *lie*라는 단어가 바로 떠오르죠?

어느 날 영화를 보고 있는데, 주인공이 거짓말을 하자 옆사람이 이런 말을 하는 거예요.

**I'm not buying it.**
나 그거 안 사.

응? 그걸 안 산다니 대체 무슨 소리지? 이 사람들이 방금 쇼핑에 관한 말이라도 한 건가 싶어서 기억을 더듬어봤지만 그렇지도 않았어요.

**A: Suzie stayed home last night.**
수지가 어젯밤에 집에 있었대.

**B: She's such a party girl and it was Friday night.**
노는 걸 그렇게 좋아하는 애인데 금요일에 집에 있었다고?

**A: That's what she told me.**
그렇게 말하던데.

**B: I'm not buying it.**
(나 그거 안 사?)

우리가 어떤 물건을 살 때 어떤 기준으로 그 물건을 고를까요? 디자인이나 브랜드 등
다양한 요소가 있겠지만, 기본적으로 그 물건에 대한 믿음이 있기 때문에 기꺼이 돈을
내고 구매 합니다. 믿음이 안 간다면 안 사겠죠?

그래서 *buy*가 *믿다*라는 뜻으로도 쓰일 수 있어요.

## ▶ I'm not buying it.
나 그 말 안믿어.

*I don't believe it.* 이라고 해도 되지만, *buy*를 사용하면 좀 더 원어민 같은 느낌을 낼
수 있어요.
이런 경우 '사다'와 어떻게 구분하냐고요? 문맥을 보면 헷갈리지 않을 테니 걱정마
세요.

# 이렇게 씁니다!

① 친구가 거짓말을 하려고 하는데, 아무리 생각해도 상대방이 그 말을 도저히 믿을 것 같지 않을 때, 이렇게 조언(?)을 해줄 수 있어요.

**She won't buy it.**
걔가 안 믿을걸.

② 그래서 친구가 또 다른 아이디어를 낸 다음 저에게 이렇게 의견을 물어볼 수도 있겠죠.

**Do you think she will buy it?**
그 사람이 믿을 것 같니?

③ 믿을 가능성이 조금이라도 보인다면 이렇게 대답할 수 있어요.

**She could buy it.**
믿을 수도 있겠다.

# 002

# Already를 '이미, 벌써'라고
# 해석했더니 오리무중에 빠졌다

친구들이랑 바에서 맥주를 마시면서 즐거운 시간을 보내고 있는데, 심하게 애정 행각을 하는 닭살 커플이 눈에 들어왔어요. 그 '꼴'을 보고 있던 친구들이 커플에게 이렇게 말했습니다.

**Get a room already!**

너네 여기서 그러지 말고 방을 잡으라는 뜻인 걸 알겠는데, *already*를 학교에서 배운 대로 이미, 벌써라고 해석하니까 '이미 방을 잡아!' '벌써 방을 잡아!'라는 말이 되는데, 뭔가 앞뒤가 안 맞는 것 같더라고요. 벌써 방을 잡아놨다는 뜻인가…?

**A: Look at them.**

재네 좀 봐.

**B: Wow. They are touching each other like they haven't seen each other for a million years.**

와. 재네 서로 백만 년은 못 본 것처럼 서로를 만지작거리고 있네.

**A: I can't take it any more.**

더 이상 못 견디겠다.

**B: Get a room already!**

(이미 방 잡아?)

*Already*에는 *이미, 벌써* 말고도 *얼른*이라는 뜻이 있어요.

## ▶ Get a room already!

얼른 방 잡아!

그렇다면 *이미, 벌써*의 *already*와 *얼른*의 *already*는 어떻게 구분할 수 있을까요? 세 가지 팁을 알려드릴게요.

**1. 명령문에 쓰인다.**
**2. 문장 끝에 온다.**
**3. '이미, 벌써'로 해석하면 말이 안 된다.**

*이미, 벌써*의 *already*도 문장 끝에 올 수 있지만, 명령문에 쓰이지는 않아요.

# 이렇게 씁니다!

① 엄마가 저녁을 해서 밥을 먹으라고 아이들을 불렀는데, 아이들이 뭘 하는지 방에서 나오지 않는다면 이렇게 말할 수 있겠죠.

**Come and have dinner already.**
얼른 와서 저녁 먹어라.

② 해야 할 일이 있는데 상대방이 꾸물대고 있으면, *already*를 붙여서 '명령'을 강조할 수도 있고요.

**Do it already.**
얼른 해라.

③ 드라마에서 여자가 눈을 감고 남자가 키스해주기를 바라고 있는데, 이 남자가 너무 눈치가 없어서 가만히 서 있다면, 답답한 마음에 이런 생각이 들 것 같아요.

**Kiss her already!**
얼른 뽀뽀해라!

# 'Grill + 사람' 표현을 듣고 기겁한 사연

*Grill 굽다*라는 뜻으로 많이 알고 계시죠? 삼겹살을 굽는 걸 좋아한다면 *'I like grilling pork belly!'* 라고 말해보세요.

미국인들은 삼겹살을 먹지 않지만, 앞마당이나 뒷마당에서 그릴로 고기나 소시지를 자주 구워요. 그런데 어느 날 바비큐 파티에 초대를 받아서 갔다가 이런 말을 들었어요.

**I grilled her.**

그녀를 구웠어.

그녀를 구웠다고? 서… 설마 사람을 구운 건가? 에이, 아닐 거야. 동물에도 성별이 있으니까 암컷을 잡아서 구웠다는 뜻인가? 온갖 생각이 교차하더라고요.

**A: My boss called Emma this morning.**

우리 상사가 아침에 엠마를 불렀어.

**B: How did it go?**

어떻게 됐니?

**A: The boss grilled her.**

(상사가 그녀를 그릴에 구웠어?)

**B: Oh, my gosh. I'm sorry.**

세상에. 안됐네. (상사는 대체…?)

산전수전 다 겪고 알려주는 진저의 실전 미국 영어

무언가를 *grill*, 구울 때 보통은 고기를 불판 위에 올려놓습니다. 만약 사람을 불판 위에 올려놓는다면 그 사람은 어떤 느낌일까요? 뜨거워서 불편하고 얼른 일어나고 싶겠죠? 그래서 *grill someone*은 *그 사람을 불편하게 만드는 질문을 해서 얼른 일어나고 싶게 만든다*는 뜻이에요.

## The boss grilled her.

상사가 그녀에게 불편한 질문을 해댔어.

이제 *grill*을 고기 구울 때 말고도 다양한 상황에서 써볼 수 있겠죠?

# 이렇게 씁니다!

① 집에 이성 친구를 데려왔는데 부모님이 이것저것 질문하면서 친구를 못살게(?) 군다면, 이런 표현을 써볼 수 있겠죠.

**Stop grilling him.**
그에게 불편한 질문 그만하세요.

② 특히 여자가 남자 친구를 데려가면 아버지가 이 녀석이 내 딸에게 상처를 입히고 도망갈 사람은 아닌지 걱정이 되어 필요 이상으로 신경 쓰기도 합니다.

**My girlfriend's father really grilled me today.**
여자친구의 아버지가 오늘 나에게 불편한 질문을 많이 했어.

③ 범죄 드라마를 보면 경찰이 범인을 심문하는 모습을 흔하게 볼 수 있죠.

**The police grilled the criminal all day.**
경찰이 하루 종일 범죄자에게 불편한 질문을 던져댔다.

# 004 | 한국 음식을 설명하는데 원어민이 중국 음식으로 알아들은 사연

*Egg roll* 하면 어떤 음식이 떠오르나요?

**Egg rolls are great side dishes while drinking!**
술 마실 때 달걀말이가 안주로 제격이지!

라고 말한 적이 있다면, 옆에서 듣고 있던 미국인 친구는 전혀 다른 음식을 떠올렸을지도 몰라요.
제가 미국에 와서 처음으로 중국 음식점에 갔을 때, 메뉴에 *egg roll*이 있는 걸 보고 '어, 설마 여기서 달걀말이를 파나?' 하고 시켰다가 전혀 다른 음식이 나와서 당황한 적이 있거든요.

**A: What do you want off the menu?**
메뉴에서 뭐 먹을래?

**B: I will have egg rolls. I feel like having some eggs today.**
에그롤 먹을래. 오늘은 달걀이 좀 먹고 싶다.

**A: What are you talking about? Egg rolls don't have eggs.**
뭔 소리야. 에그롤에 달걀 안들었어.

**B: What…?**
뭐라고?

아니, 음식 이름에 *egg*가 쓰여 있는데 달걀이 안 들어가 있다고요? 어찌나 당황스럽던지. 제가 *egg roll*을 시키고 받은 음식은 바로 대형 춘권(?)이었어요.

베트남 음식점이나 결혼식 뷔페에서 흔히 볼 수 있는 춘권의 네다섯 배 정도 되는 크기에, 피가 훨씬 두껍고, 안에 채소나 고기가 들어 있는 음식이더라고요.
알고 보니 피를 반죽할 때 달걀이 들어간다고 합니다. 그래서 '달걀(피)말이'라는 이름이 붙었나봐요.

외국인 친구를 초대해서 한국 음식을 대접할 때 달걀말이를 만들었다면, 그냥 *egg roll*이 아니라 *Korean egg roll*이라고 하세요.

# 이렇게 씁니다!

① 에그롤은 중국 음식점에서 잘 팔리는 음식입니다. 가볍게 사이드로 시키기 좋고, 튀긴 음식이라 아이들이 잘 먹어요.

**Egg rolls are popular at Chinese restaurants in America.**
미국의 중국 음식점에서 에그롤은 잘 팔리는 음식이다.

② 미국의 중국 음식점에서 파는 보통의 음식처럼, 에그롤도 퓨전 음식이에요. 중국에는 미국 같은 에그롤이 없습니다.

**Egg rolls are not authentic Chinese food.**
에그롤은 오리지널 중국 음식은 아니야.

③ 미국인 친구에게 달걀말이를 설명할 때 이런 표현을 써볼 수도 있겠죠.

**Korean egg rolls and egg rolls are different types of food.**
한국 달걀말이와 에그롤은 다른 종류의 음식이야.

# 005 송금할 때 send money보다 원어민스러운 표현

미국에 머무는 분이라면 송금을 하거나 받아야 할 일이 있을 거예요.

**I will send you money.**
송금해줄게.

혹은 *transfer*를 사용해서 문장을 만들기도 해요.

**I need to transfer money to the seller on Ebay.**
이베이 셀러에게 송금해야 해.

그런데 막상 은행에 가보니까 다른 표현을 쓸 때도 있더라고요.

**A: How may I help you?**
　　무엇을 도와드릴까요?

**B: I need to send money overseas.**
　　해외 송금을 하려고 왔어요.

**A: If you want to wire money, I need your ID.**
　　돈을 *wire* 하시려면 신분증을 확인해야 해요.

**B: What do you mean by wire?**
　　*Wire*가 무슨 뜻이에요?

　　　　　　　　　　　　산전수전 다 겪고 알려주는 진저의 실전 미국 영어

 진저쌤의 TIP

저는 *wire*라는 표현을 처음 접했을 때 눈치껏 알아들었지만, 만약 어떤 표현을 들었는데 무슨 뜻인지 모르겠다면

**What do you mean by ( )?**
( )가 무슨 뜻이에요?

라고 물어보면 돼요.

## ▶ Wire is to send money.

*Wire*는 송금한다는 뜻이에요.

*Wire*는 **철사, 전선**이라는 뜻을 가지고 있죠? 요즘은 전산을 통해 송금을 하기 때문에 선을 따라서 돈이 왔다 갔다 하는 모습을 상상해보면, 왜 **전선**을 뜻하는 *wire*가 **송금한다**는 의미도 되는지 알 수 있을 거예요.
이제는 돈을 보낼 때 *send money, transfer money, wire money* 이렇게 다양한 표현을 사용해볼 수 있겠죠?

# 이렇게 씁니다!

① 은행에 가서 송금하고 싶다면 이렇게 말해보세요.

**I would like to wire money.**
송금하고 싶어요.

② 친구나 지인이 돈 좀 꿔달라고 입금을 부탁할 때는 이렇게 물어볼 수 있겠죠.

**How much do I need to wire?**
얼마나 송금해야 하는데?

③ 한국에서는 은행 송금을 빠르고 간편하게 할 수 있지만, 미국에서는 송금 대신 수표를 써서 돈을 보내요.

**People in America send checks instead of wiring money a lot of times.**
미국인들은 송금 대신 수표를 많이 써서 보낸다.

산전수전 다 겪고 알려주는 진저의 실전 미국 영어

# 006

# 이성을 넘볼 때 뜬금없이 league가 나오는 이유

제 남편이 저와 데이트를 할 때 이런 말을 하곤 했어요.

**You're out of my league.**
넌 나의 리그 밖이야.

너랑 나랑 무슨 게임을 하는 것도 아니고 (밀당을 게임으로 친다면 그럴 수도 있겠다만) 거기서 '리그'가 갑자기 왜 튀어나와?
그래서 무슨 뜻이냐고 물어보니까 이성 관계에 쓰는 표현이라고 하더라고요.

**A: I like Emma.**
　나 엠마를 좋아해.

**B: Emma is the most popular girl in this school.**
　엠마는 이 학교에서 제일 인기가 많은 여자애잖아.

**A: Yeah. She probably doesn't know I even exist.**
　응. 걔는 아마 나라는 사람이 있는지도 모를걸.

**B: She's definitely out of your league.**
　(걔는 확실의 너의 리그 밖이다?)

어떤 리그에 속하려면 그에 맞는 실력과 자격을 갖춰야 하죠. 즉, 리그 안에는 비슷한 수준을 가진 사람끼리 모입니다. 어떤 리그에는 평범한 사람이 모여있기도 하고, 또 어떤 리그에는 잘난 사람이 모이기도 하겠죠.

그래서 *out of one's league* 하면 누군가의 리그를 벗어난, 수준을 벗어난 상태니까 ***그 사람보다 잘났다***는 뜻이 됩니다.

## ▶ She's out of your league.

걔는 너보다 잘났어.
(이성적으로 호감이 있어도 네가 넘볼 수 있는 상대가 아니야.)

그러니까 남편은 제가 더 잘났다고 말해준 거네요? 아이 좋아라.

# 이렇게 씁니다!

① 서로 수준이 차이가 나도 어느 정도 노력으로 극복할 수 있지만, 차이가 너무 많이 나면 *way*를 써서 강조할 수 있어요.

**He's way out of your league.**
그 남자는 너보다 너무 많이 잘났어.

② 열 번 찍어 안 넘어가는 나무 없다지만, 너무 가망성이 없다면

**Don't waste your time. She's out of your league.**
시간 낭비하지 마. 걘 너무 잘났어.

③ 살짝 차이가 난다면 *a little*을 붙여보세요.

**She's a little out of your league.**
그 여자는 너보다 좀 잘났어. (이뤄질 수 있을지도?)

# 007

# 음식이 만족스러울 때
# 왜 hit을 쓰지?

제 남편은 누가 미국인 아니랄까봐 피자를 굉장히 좋아합니다.
그런데 어느 날 피자가 무지무지 먹고 싶다면서 시키더니 엄청 맛있게 먹고 나서

**That hit the spot.**

이라고 말을 하는 거예요.
갑자기 뜬금없이 점을 친다니, 피자랑 점이랑 무슨 상관?

A: **This pizza is so good!**

　　이 피자 엄청 맛있다!

B: **It's really hard to mess up pizza, you know.**

　　피자를 맛없게 만들긴 힘들지.

A: **True. But this pizza really hit the spot.**

　　맞아. (근데 이 피자는 정말 점을 친다?)

B: **Pizza hit where?**

　　피자가 어딜 쳤다고?

몹시 먹고 싶었던 음식이 있는데 그걸 드디어 먹었을 때, 혹은 엄청 맛있는 음식을 먹고 난 후에 우리는 상당한 만족감을 느낍니다. "이 음식 완전 취향 저격인데!"

저는 '취향 저격'이라는 말을 들으면, 화살을 과녁 정중앙에 명중시키는 이미지가 떠올라요. 과녁 정중앙 지점(*spot*)을 화살로 때려서 맞히는(*hit*) 거죠.
그래서 *hit the spot* 하면 무언가가, 특히 음식이 굉장히 만족스럽다는 뜻이에요.

## ▶ That hit the spot.

그 음식 굉장히 만족스러운데. (맛있는데.)

## 이렇게 씁니다!

① 더운 날, 시원한 맥주가 땡긴다면, 한 잔 거하게 들이키고 난 후 이렇게 말해보세요.

**This beer really hit the spot.**
맥주 진짜 잘 마셨다.

② 아이스크림을 열어서 조금만 맛보려고 했는데, 한 입 먹으니 너무 맛있어서 정신줄을 놓고 결국 다 먹어버렸을 때, 다이어트는 망했지만 이 한마디는 해봅시다.

**This ice cream hit the spot and I finished a whole pint.**
아이스크림이 너무 맛있어서 파인트 한 통을 다 먹어버렸어.

③ 따뜻한 커피 생각이 간절할 때는 이렇게 말해도 돼요.

**A cup of hot coffee would hit the spot.**
뜨거운 커피 한 잔이 있으면 진짜 좋겠다.

# 008

# Dog person처럼
# 물건과 사람을 붙여쓰는 이유

**I'm a dog person.**
나는 개 사람이야.

생긴 거는 개랑 전혀 상관없이 완전 멀쩡한데, 미국에서는 이렇게 *개 사람*이라고 아주 자랑스럽게 말하는 사람이 엄청 많아요.

이것뿐 아니라 *cat person*, *beer person* 이런 식으로 명사와 사람을 붙여서 쓰는 경우가 흔해요. 고양이 사람, 맥주 사람, 아니 무슨 잡종도 아니고 대체 무슨 뜻인지 머릿속에서 물음표가 떠나질 않더라고요.

그런데 아래 대화의 마지막 문장을 듣는 순간 미스터리가 풀렸습니다.

**A: Pets are like family members.**
애완동물은 가족 같은 존재야.

**B: I agree. I'm a dog person.**
맞아. (나는 개 사람이야?)

**A: Umm, dog person?**
음, 개 사람이라고?

**B: I don't like cats.**
난 고양이는 안 좋아해.

명사와 *person*을 붙여 쓰면 ***해당 명사를 좋아하는 사람***이라는 뜻입니다. *Dog people* 이렇게 복수형으로 쓰는 것도 가능합니다.

## I'm a dog person.

나는 개를 좋아하는 사람이야.

그리고 *person* 앞에 붙일 수 있는 명사의 종류는 무궁무진합니다. 단, 한 개씩만 붙여야 합니다. 개랑 고양이 다 좋아한다고 해서 *dog cat person* 이런 식으로 쓰지는 않아요. 당신은 무얼 좋아하는 사람인가요? 나는 어떤 *person*이라고 말할 수 있을지 한번 생각해보세요.

# 이렇게 씁니다!

① 미국인들은 커피를 굉장히 즐겨 마시지만 저는 커피를 마시지 않아요. 그래서 누가 커피를 권하면 이렇게 말을 합니다.

**I'm a tea person.**
저는 차를 좋아해요.

② 누가 개를 좋아하냐고 물어보는데, 좋아하지 않으면 이렇게 대답해도 됩니다.

**I'm not a dog person.**
저는 개를 좋아하는 사람이 아니에요.

③ 주변에 맥주를 잘 마시는 사람이 있다면 이렇게 묘사할 수도 있겠죠.

**He's definitely a beer person.**
저 남자는 맥주를 완전 좋아해.

# 009

# 물건값을 말하는데 팔과 다리가 튀어나오는 이유

미국인들은 물건의 가격을 이야기할 때 이 표현을 자주 씁니다.

**It cost an arm and a leg.**
팔과 다리만큼의 비용이 들었어.

대체 얼마라는 뜻일까요?

예전에 '사람 몸의 구성 성분을 전부 돈으로 환산하면 얼마나 될까?'라는 주제의 기사를 읽었는데, 산소 65%, 탄소 18%, 수소 10% 등의 성분을 모두 합쳐도 5달러도 안 된다는 내용이었어요.

좀 허무하긴 하지만 '팔과 다리만큼의 가격'은 이렇게 싼 걸까요?

**A: You look unwell. What's going on with you?**
너 별로 안 좋아 보인다. 무슨 일이야?

**B: One of my teeth is broken. I need to have it replaced.**
이 하나가 부러졌어. 교체해야 할 것 같아.

**A: It will cost an arm and a leg.**
팔과 다리만큼의 가격일텐데.

**B: Hmm··· How much do an arm and a leg exactly cost?**
음··· 팔이랑 다리의 가격이 정확히 어떻게 되는데?

인체를 구성 성분으로만 따지면 슬플 정도로 낮은 가격이 나오지만, 살아 있는 장기나 신체 부위의 가격은 매우 높습니다. 돈이 있어도 못 구하는 사람도 많죠.

사람이 살아가는 데 팔과 다리는 매우 중요한 역할을 하기 때문에 그만큼 가치가 높다고 할 수 있어요.

2차 세계대전에 참전한 미국 군인들이 팔과 다리를 많이 잃었는데, *cost*에는 *대가를 치르다*라는 뜻이 있어서, '엄청난 대가를 치렀다', 즉 *가격이 매우 비싸다*는 뜻입니다.

이제 비싸다고 할 때는 *expensive*만 쓰지 마시고 *cost an arm an a leg*도 활용해보세요.

① 해외로 멋지게 휴가를 떠나고 싶지만, 돈이 없어서 문제입니다. 안타깝죠.

**I want to have a vacation in Hawaii. But it costs an arm an a leg.**

하와이에서 휴가를 보내고 싶어. 근데 돈이 너무 많이 들어.

② 집이 망가져서 수리를 맡겼는데 비용이 엄청 나왔습니다. 미국은 한국보다 인건비가 훨씬 비싸거든요.

**It cost an arm and a leg to have the house fixed.**

집을 수리하는 데 비용이 엄청 나왔어.

③ 멋진 레스토랑이 있는데 가격이 생각보다 저렴해요. 진짜 좋죠?

**This restaurant has really good food! But it doesn't cost an arm and a leg.**

이 레스토랑 음식 진짜 맛있어! 근데 엄청 비싸지도 않아.

# 미국 사이다는 한국의 그 사이다가 아니다

피자나 햄버거를 먹을 때 곁들이면 시원한 사이다, 속이 답답할 때 마셔주면 탄산 때문에 속이 뻥 뚫리는 사이다! 그런데 미국에서는 햄버거를 시킬 때 사이다를 달라고 하면 점원이 이상한 눈으로 쳐다볼 수 있어요.

**I'd (I would) like to have one cheeseburger and cider.**
치즈버거 하나랑 사이다(?) 주세요.

미국에서 사이다는 완전 다른 음료거든요.

**A: What do you want to drink?**
　뭐 마실래?

**B: I would like cider.**
　사이다 마시고 싶어.

**A: No. You're under 21.**
　안돼. 너 21살 안 됐잖아.

**B: What?**
　뭐라고? (미성년자는 탄산음료도 못 마셔?)

사이다는 한국에서는 탄산음료지만, 미국에서는 술이에요. 보통 사과를 발효시켜서 만들기 때문에 *apple cider*라고도 합니다. 다른 과일로 만든 사이다도 있고요. 간혹 술이 들어 있지 않은 사이다도 있지만, 우리가 생각하는 그 청량감 있는 레몬 라임향의 탄산음료와는 전혀 맛이 달라요.

그럼 미국에서 사이다를 마시고 싶으면 어떻게 해야 할까요?
한국에서도 흔히 볼 수 있는 스프라이트 *Sprite*가 가장 무난하고, 세븐업 *Seven Up*, 시에라 미스트 *Sierra Mist*, 이 세 가지가 미국에서 제일 많이 볼 수 있는 레몬 라임향 탄산음료예요.

예전에 미국행 비행기에 탔을 때 뭔가 새로운 음료를 마셔보고 싶어서 처음 들어보는 이름을 골랐는데 그게 *Sierra Mist*였거든요. 캔을 따서 한 모금 마셔보고 '뭐야? 사이다잖아…' 라고 생각했던 기억이 나네요.

# 이렇게 씁니다!

① 미국에서 치즈버거를 주문할 때 사이다가 마시고 싶으면 스프라이트를 달라고 하세요. 그건 어딜 가나 다 있어요.

**I would like to have one cheeseburger and Sprite.**
치즈버거 하나랑 스프라이트 주세요.

② '사이다를 마시면 소화에 도움이 되는 것 같다'고 할 때 이렇게 말해보세요.

**I feel like Sprite helps with digestion.**
스프라이트를 마시면 소화가 잘되는 것 같아.

③ 애플사이다는 도수가 약하고 새콤달콤해서 미국 여자들이 좋아하는 술입니다. 저도 좋아해요.

**I like apple cider.**
나는 애플사이다를 좋아해.

# 011 | 얼마나 귀찮으면 미국인은 전치사도 생략할까?

'동사 + 전치사'가 들어간 숙어가 아주 많죠? 동사 뒤에 어떤 전시차가 붙느냐에 따라 숙어의 뜻이 천차만별이 되어서 종종 헷갈리기도 합니다.
그런데 이 중요한 전치사를 아예 빼버리고 말하는 경우가 있더라고요.

**This is where we hang.**
여기는 우리가 *hang*을 하는 곳이야.

TV에서 애니메이션을 보고 있었는데 이런 표현이 나와서 '음…? 여기다가 뭘 건다고?'라고 생각했어요. 옷이나 물건 따위는 캐릭터의 손에 아예 들려 있지도 않고, 특별한 설명도 없어서 무얼 건다는 건지 당최 알 수가 없었어요.

**A: Do you want to hang this weekend?**
　　이번 주말에 *hang* 할래?

**B: Hang what?**
　　뭘 걸어?

**A: Oh, I mean 'hang out'.**
　　아, 내 말은 *hang out*, 같이 놀자고.

**B: Sure, I'd like to hang.**
　　그러자, 나도 같이 놀고 싶어. (바로 사용해보는 센스)

요즘 미국 젊은이들은 *hang out* 대신 *hang*을 많이 사용합니다. 저는 30대인데 아직 제 나이대의 사람들이 이렇게 말하는 것은 들어본 적이 없어요. 하지만 10대나 20대 사이에서는 흔하게 쓰이는 말이더라고요.

## ▶ This is where we hang.

여기는 우리가 사람들과 어울리는 곳이야.

저는 미국 영어를 들으면 연음이 많아서인지, 미국인들이 단어나 문장을 제대로 발음하기 귀찮아하는 것 같다는 느낌을 받을 때가 있어요. 발음을 좀 더 부드럽고 쉽게 하기 위해 연음이 생겼지만, 영국 영어처럼 딱딱 끊어서 말하면 더 듣기 좋을 텐데요.

사실 미국인들은 한국인과 비교하면 좀 게으른(?) 것 같아요. '빨리빨리' 문화가 없어서인지 행동이 느릿느릿하고 (좋게 말하면 여유롭고), 공공기관 일 처리는 속 터지고, 뭐가 망가지면 수리 기사가 빠릿빠릿하게 달려오지 않아서 며칠을 기다려야 해요. '*Hang out*도 말하기 귀찮아서 *out*을 아웃시켜버리고 *hang*만 쓰는 건가'라는 생각이 들더라고요.

# 이렇게 씁니다!

① 나이 드신 분들은 '갖춘 영어'를 선호하겠지만, 10대나 20대 젊은이들과 어울릴 때는 그들처럼 말해도 괜찮겠죠.

**Do you want to hang on Friday?**
금요일에 같이 놀래?

② 친구들이랑 놀 때, 새로운 사람을 초대하자고 기존 멤버들에게 제안할 때는

**Let's see if he wants to hang with us.**
걔가 우리랑 놀 수 있는지 한번 물어보자.

③ 재미있는 시간을 보내고 난 후, 아쉬운 마음을 표현할 때는 이렇게 말해보세요.

**I'd (I would) like to hang again.**
다음에 또 놀면 좋겠다.

# 012 | 듣고 나서 인종차별 받은 걸로
# 크게 오해했던 영어 표현

저는 한국인이 별로 없는 동네에 살고 있어서, 일상생활 대부분을 영어를 사용하면서 보냅니다. 하지만 한국말을 가르치기 위해 아이들에게는 집에서도 밖에서도 한국말만 쓰는데요, 가끔 황당한 일을 당할 때가 있습니다. 예전에 마트에서 아이에게 한국말로 이야기하고 있는데 어떤 아주머니가

**Speak English!**
영어로 말해!

라면서 지나갔어요. 명백한 인종 차별이고 무척 기분이 나빴지만, 괜히 소란을 일으키고 싶지 않아서 넘어갔습니다. 그런데 어느 날 영화를 보고 있는데 백인들끼리 *Speak English!* 라고 하는 거예요. '응? 설마 같은 인종들끼리도 차별하나? 둘 다 원어민인데…' 라는 생각이 꼬리를 물었습니다.

### A: The stator control unit can reverse the polarity…
스테이터 컨트롤 유닛이 양극성을 뒤집을 수…

### B: Speak English.
(영어로 말해?)

### A: What? I just spoke in English.
뭐라고? 영어로 말했잖아. (발끈)

### B: I can't understand a word you're saying.
네가 하는 말을 하나도 못 알아듣겠어.

한국말이라도 어려운 표현이 많이 섞여 있으면 대체 무슨 뜻인지 알기 어려울 때가 있죠. 분명 한국말인데 외국어처럼 해석이 불가능합니다.

영미권에서도 같은 일이 벌어질 수 있겠죠? 특히 전문 용어나 기술 용어를 관련 지식이 없는 일반인에게 그대로 전달할 경우, 상대방은 멘붕에 빠지게 됩니다.

내가 듣고 있는 게 영어가 맞나 싶겠죠. 그래서 이런 경우에는

## ▶ Speak English.

알아듣게 말해.

라고 표현하게 됩니다. 이 표현은 상황에 따라 인종 차별 발언이 될 수도 있고, 그렇지 않을 수도 있어요.

# 이렇게 씁니다!

① 전문 용어가 많이 들어간 어려운 말을 쉽게 풀어달라는 부탁을 할 때, *Speak English* 말고 다른 표현을 쓸 수도 있어요.

## Would you explain it in layman's term?
쉬운 말(layman: 비전문가)로 설명해주시겠어요?

② Layman's term은 알아두시면 좋은 표현이지만, 그 말이 익숙하지 않을 때는

## Could you say it with easier words?
더 쉬운 단어로 말해주실 수 있어요?

③ 그런 다음 아래의 문장을 덧붙이면 상대방의 기분을 상하지 않게 하면서 매너 있는 사람으로 보일 수 있습니다.

## I would appreciate it.
그렇게 해주시면 감사하겠어요.

이제는 상대방의 말이 너무 어려워서 알아듣기 어려울 때 곤란해하지 마시고, 용기를 내서 좀 더 쉽게 풀어달라고 부탁해보세요.

# 013 | Plus one, 수학 시간에만 쓰는 게 아니다

**1+1=2**

*One plus one equals two.*

덧셈은 물건을 세거나 돈 계산을 할 때 많이 하죠? 그런데 어느 날 드라마를 보는데 갑자기 어떤 사람이 이런 말을 하는 걸 들었어요.

**Would you like to be my plus one?**
내 플러스 원이 되어줄래요?

물건을 세는 경우가 아니고, 돈과 연관된 상황도 아니었는데, 갑자기 '플러스 원'이 나와서 어떤 문맥에서 쓰였는지 곰곰이 생각해보게 되더라고요.

## A: I'm going to a party this weekend.
나 이번 주말에 파티에 가.

## B: Oh, it sounds fun.
와, 재밌겠다.

## A: Would you like to be my plus one?
내 플러스 원이 될래?

## B: Plus… what?
플러스… 뭐라고?

**진저쌤의 TIP**

*Plus one*을 직역하면 *더하기 1*이 됩니다. 슈퍼마켓 원 플러스 원 행사를 생각해보세요. 하나를 사면 또 하나가 따라오죠? 그래서 *plus one*은 *어떤 행사나 파티에 참여할 때 데려가는(같이 따라오는) 짝*을 뜻합니다. 애인, 파트너, 친구 전부 다 '플러스 원'이 될 수 있어요.

참, *원 플러스 원*은 콩글리시입니다. 영어로는 *buy one get one free*, 줄여서 *buy one get one* 혹은 *BOGO*라고 해요.

## ▶ Would you like to be my plus one?

나랑 같이 파티에 갈래?

# 이렇게 씁니다!

① 초대받은 장소에서 "이 사람 나랑 같이 왔다"고 말하고 싶을 때 이렇게 해보세요.

**She's my plus one.**
나랑 같이 온 사람이에요.

② 짝을 데려가야 하는 파티가 있어서 파트너를 찾고 있다면

**I need a plus one for the party.**
파티에 갈 파트너가 필요해요.

③ 누군가가 파티에 함께 갈 상대를 찾고 있는데 나도 파티에 참석하고 싶다면

**I'll be your plus one.**
내가 같이 갈게.

이렇게 냉큼 대답해보세요. 영미권 문화에서 사람들과 어울릴 때 빼는 것은 미덕이 아닙니다. 원하는 것이 있다면 누군가가 권할 때까지 기다리지 마시고 적극적으로 표현해서 얻으세요.

산전수전 다 겪고 알려주는 진저의 실전 미국 영어

# 생일 때 모르는 단어를 아는 척 했다가 망신당한 썰

원어민과 대화를 나누다가 잘 모르는 말이 나오면, 단어가 가진 뜻이나 이미지 등을 문맥과 연관 지어서 유추하면 얼추 들어맞는 경우가 많아요. 하지만 그렇지 않은 경우도 있어서 얼굴이 빨개지는 일이 생기기도 합니다.

**Did you wear your birthday suit?**
너 생일 수트 입었니?

예전에 제가 실제로 받았던 질문이고, 직역해서 '생일 때 입는 특별한(?) 옷'이라고 생각했다가 상대방이 폭소를 터트린 적이 있어요.

**A: I had a great birthday yesterday!**
어제 엄청 즐거운 생일을 보냈어!

**B: That's cool. Did you wear your birthday suit?**
좋네. (생일 수트 입었니?)

**A: Yes!**
응!

**B: (Burst out laughing)**
(미친 듯이 웃음 터짐)

생일은 우리가 태어난 날이죠? 어머니의 뱃속에서 바로 나왔을 때 사람은 알몸 상태입니다. 그래서 *birthday suit* 하면 태어날 때 입었던 옷, 즉 ***옷이 없는 상태***를 뜻해요.

제 친구가 생일 때 저를 놀리려고 일부러 저런 질문을 한 거예요. 그리고 당시 어휘력이 좀 부족했던 저는 친구의 예상대로 보기 좋게 속아 넘어(?)갔습니다.

그 순간 얼마나 창피했는지 몰라요. 지금은 웃으면서 말할 수 있는 재미있는 기억이 되었지만요.
여러분은 *birthday suit*라는 표현 꼭 기억하시고 저처럼 직역해서 얼굴 빨개지는 일이 없었으면 해요.

① 누드 비치에 가면 사람들이 자연의 모습 그대로 돌아다닌다고 합니다. (상상하는 것처럼 그다지 아름다운 광경은 아니라고 해서 저는 실제로 가보지는 않았어요.)

**People walk around in their birthday suits on nude beaches.**

누드 비치에서는 사람들이 알몸으로 돌아다닌다.

② 하지만 공공 장소에서는 그러면 안 되겠죠.

**You're not supposed to hang out in your birthday suit.**

알몸으로 다니면 안 된다.

③ 아이들은 집 안에서 알몸으로 뛰어다니기도 합니다.

**My son's running around in his birthday suit.**

아들이 알몸으로 뛰어다니고 있다.

## 015 | Go라고 말해놓고 아무 데도 안가는 원어민 친구

직장인과 대화를 나누다 보면 이런 표현을 들을 때가 있어요.

**The project went south.**
프로젝트가 남쪽으로 갔다.

프로젝트가 남쪽에서 진행된다는 뜻인 줄 알았는데, 그 친구는 남쪽으로 가지 않았습니다. 같은 동네에서 여전히 출퇴근하면서 잘 살고 있어요.

A: **How are you doing at work?**
일 어때?

B: **The project went South.**
(프로젝트가 남쪽으로 갔어.)

A: **So, you're going somewhere south?**
너 그럼 남쪽 어딘가로 가는 거야?

B: **No. I'm not going anywhere.**
아니. 나 아무 데도 안 가.

A: **???**
(남쪽으로 간다더니…?)

산전수전 다 겪고 알려주는 진저의 실전 미국 영어

Go는 일반적으로 '가다'라는 의미로 해석되지만, 물리적인 거리를 이동해서 간다는 뜻 외에도 '어떤 상태'로 간다는 의미도 있어요.

그래서 *go south* 하면 *남쪽 상태로 간다*라고 볼 수 있는데, *남쪽 상태*는 대체 뭔 뜻일까요?

*South* 남쪽은 아래에 있죠? 그래서 이 표현에서 *south*는 '아래'라는 의미로 쓰였어요.

*Go south = Go down*

프로젝트가 아래로 내려간다면 어떤 상황일까요? 상향이 좋은 거지 하향은 좀… 그렇죠.

그래서 *go south* 하면 어떤 일이 내리막길을 걸어서 *잘 안되는, 꼬이는*이라는 뜻이 됩니다.

## ▶ The project went south.

프로젝트가 잘 안됐어.

# 이렇게 씁니다!

① 커플이 오래 사귀다 보면 사이가 틀어질 때가 있죠?

**After a few years, their relationship began to go south.**
몇 년 후에 그들의 사이는 틀어지기 시작했다.

② 직장에 다니다 보면 그 회사의 사정이 안 좋아지기도 합니다.

**This company has been going south since January.**
1월부터 회사 사정이 나빠지고 있었다.

③ '조짐이 보였을 때 미리 발을 뺐어야 했는데…'라고 후회할 수도 있겠죠.

**I should have walked away when things started to go south.**
일이 꼬이기 시작했을 때 관뒀어야 했는데.

# 싸울 때 뜬금없이 button을
# 누르는 이유

**016**

결혼 생활을 하다 보면 어쩔 수 없이 의견 대립이 생기고 사소한 일로 싸우기도 합니다. 싸울 때 그러면 안 되는 걸 알면서도 과거에 있었던 일까지 다 끄집어내고, 상대방이 싫어하는 말이나 행동을 반복해서 부아가 치밀게 만들기도 합니다.

어느 날 남편이랑 싸우는데 남편이 이런 말을 하더라고요.

**You keep pushing my buttons.**
너 계속 내 버튼을 누르고 있어.


직역하면 뜻이 이상해지는 경우가 많다는 걸 이미 알고 있던 때라 '몸 어디에 무슨 버튼? 버튼이 달렸어?' 이런 식으로 대응하지는 않았지만, 아무리 생각해도 버튼이 무슨 뜻인지 알기 어려웠어요.

**A: I can't do this any more.**

더 이상 못 해 먹겠다.

**B: Oh, please. You started it first.**

뭐야, 당신이 먼저 시작했잖아.

**A: You keep pushing my buttons.**

(당신이 내 버튼을 자꾸 누르잖아.)

**B: You don't even have buttons on your shirt.**

당신 셔츠에 버튼(단추)이 없는데. (무슨 소리야.)

'버튼' 하면 어떤 이미지가 떠오르나요? 저는 누르는 그림이 제일 먼저 떠올라요. 버튼은 누르라고 있는 거니까요.

자판기의 버튼을 누르면 물건이 나오고, 전등의 버튼을 누르면 불이 켜지듯이, 버튼을 누르는 행위는 어떤 일을 벌어지게 만들어요.

게임을 할 때 버튼을 누르면 어떻게 될까요? 내 캐릭터가 상대방을 공격하죠? 잔챙이 악당이라면 한 방에 나가떨어지겠지만, 보스는 한두 방으로는 어림도 없고 맞으면 더 화를 내는 모습을 보여줄 때도 있습니다.

누군가의 버튼을 누른다는 건, 그 사람이 안 좋아하거나 불쾌해 하는 행동을 해서 그 사람을 기분 나쁘거나 화나게 만든다는 뜻이에요.

## ▶ You keep pushing my buttons.

당신이 나를 자꾸 화나게 하잖아.

사람의 감정을 상하게 하는 버튼은 누르지 않는 게 서로에게 좋겠죠?

# 이렇게 씁니다!

① 누군가가 자꾸 거슬리는 행동을 해서 마음에 들지 않는다면

**I don't like him. Because he keeps pushing my buttons.**

나 그 사람 맘에 안 들어. 거슬리는 행동을 자꾸 하거든.

② 저는 아이들을 정말 사랑하지만, 애들을 키우다 보면 정말 부아가 치밀 때가 많아요. 부모라면 제 마음에 공감하실 거예요.

**I love my kids, but they always push my buttons.**

내 아이들을 사랑하지만, 얘네들은 항상 내가 열 받는 행동을 해.

③ 남이 열 받는 행동을 일부러 골라서 하는 얄미운 사람도 있죠.

**I'm usually calm, but she really knows how to push my buttons.**

난 보통 침착한 사람이지만, 그 여자는 나를 어떻게 화나게 하는지 잘 알아.

# 017

# 사람 이야기를 하는데
# 왜 갑자기 책이 나와?

예전에 자주 어울리던 사람중에 성격이 굉장히 활달하고 수다스러운 친구가 있었어요. 지금은 캐나다로 이사가서 애도 낳고 생활을 꾸리고 있어서 페이스북으로만 가끔 소식을 확인하지만요. 어느 날 이 친구가 신나게 이야기를 하다가 갑자기

**My life is an open book.**

내 인생은 열린 책이야.

라고 말하는 거예요. 대충 짐작해서 열린 마음으로 인생을 사니 성격이 좋은 것 같다고 생각했습니다. 실제로 성격이 좋은 친구였거든요.

그런데 알고 보니 이 표현은 제가 짐작한 것과는 전혀 다른 뜻이더라고요.

**A: My life is an open book.**

(내 인생은 열린 책이야.)

**B: It's good to be open-minded.**

열린 마음을 갖는 게 좋지.

**A: What?**

뭐라고?

**B: Open book doesn't mean open-minded?**

열린 책이 열린 마음이라는 뜻이 아니야?

우리는 사람의 인생을 한 권의 책에 비유할 때가 있습니다. 나라는 책에 나만의 이야기를 만들고 적어나간다. 근사하게 들리지 않나요? 물론 어떤 내용이 담기느냐에 따라 근사함의 정도가 다르겠지만요.

책이 열려 있다면 누구나 들여다볼 수 있고, 책에 무슨 내용이 적혀 있는지 알게 되겠죠. 그래서 *an open book* 하면 *알기 쉬운 사람, 파악하기 쉬운 사람*이라는 뜻입니다.

제대로 된 뜻을 알고 나서 생각해보니 그 친구는 매일 자기가 무슨 일을 했는지, 평소에 어떤 생각을 하는지 친구들에게 거리낌 없이 잘 털어놓는 타입이었어요. 그래서 솔직하고 쿨한 매력이 넘쳤거든요.

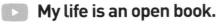 **My life is an open book.**
사람들은 내 인생에 대해 속속들이 알고 있어.

반대말은 *closed book*입니다.
당신은 *open book*인가요, *closed book*인가요?

# 이렇게 씁니다!

① 커플들은 '서로에게 비밀 만들지 않기' 같은 약속을 하곤 합니다.

**We have no secrets. She is like an open book to me.**
우린 비밀이 없어. 걔의 생활을 내가 속속들이 알고 있거든.

② 작은 시골 마을에 살면 이웃이 서로서로 어떻게 지내는지 잘 알고 있는 경우가 많죠.

**My life in this town is an open book.**
내가 어떻게 사는지 이 마을 사람들은 잘 알고 있어.

③ 미래를 내다보고 예측할 수 있는 학자나 전문가가 있다면, 그 사람에 대해 이렇게 말해볼 수도 있겠죠.

**This world is an open book to him.**
그 사람은 이 세상에 대해 속속들이 잘 알고 있어.

# 018

# 이상한데
# 왜 off라고 할까

저희 동네에 좀 특이한 아이가 있습니다. 눈치 없이 행동을 해서 이상하게 생각했는데, 나중에 이 아이가 정신적으로 살짝 문제를 겪고 있다는 걸 알게 되었어요.
그 아이를 보고, 제 미국인 남편은 이런 말을 했습니다.

**He's a little off.**

*Off* 하면 제일 먼저 떠오르는 게 스위치를 켜고 끌 때의 *on*, *off*라서 해당 표현을 듣고서는 '약간 꺼졌다는 뜻인가? 음… 근데 뭐가 꺼졌다는 거지? 정신이 꺼진 건가?' 등이런저런 상상을 하게 되었던 기억이 있습니다.

**A: Carl is riding a kiddie bike. He's much bigger than that.**

칼이 애들 자전거를 타고 있어. 그걸 타기엔 덩치가 너무 큰데.

**B: Maybe he likes it.**

그걸 좋아하나 보지.

**A: Well, he does weird things a lot of times.**

음, 걔는 이상한 행동을 많이 해.

**B: I guess he's a little off.**

그럼 좀 *off* 한가 보지.

**A: Off?**

(*Off*가 무슨 뜻이지?)

불을 켤 때 스위치를 누르면 전원이 연결되어서 (관련 부품이 서로 맞닿아서) 불이 켜집니다. 스위치를 한 번 더 누르면 관련 부품이 서로 떨어져서 전원이 흐르지 않기 때문에 불이 꺼지고요.

그래서 *off*는 떨어져 있는 느낌의 단어예요. 제대로 착 붙어 있으면 *on*, 제대로 안 붙어 있으면 *off*, 아귀가 맞으면 *on*, 맞지 않으면 *off*겠죠.

그래서 *off*는 아귀가 맞지 않을 때, 즉 '우리가 생각하는 것과 어긋나서 이상하거나, 상태가 안 좋은'이라는 뜻으로도 쓰여요. *A little off*는 *좀 이상하다, 좀 안 좋다*라는 뜻으로 원어민이 자주 쓰는 표현입니다.

## ▶ He's a little off.

개 좀 이상해.

① 어떤 사람이 좀 이상한 것 같다고 할 때

**I think he's a little off.**

저 사람 좀 이상한 것 같아.

② 친구나 동료의 상태가 좀 이상해 보인다면

**You look a little off today. Are you alright?**

너 오늘 상태가 좀 안 좋아 보인다. 괜찮니?

③ 음식의 상태가 이상해 보일 때도 쓸 수 있어요.

**This meat looks a little off. I want to throw it away.**

이 고기 상태가 좀 안 좋아 보인다. 버려야겠어.

# 019

# 아침 식사로 이상한 것을 먹는 미국인들

제가 굉장히 재미있게 본 코미디 영화 <해피 길모어>에 이런 대사가 나옵니다.

**I eat pieces of shit like you for breakfast.**

난 아침으로 너 같은 똥 조각을 먹어.

직역하면 의미가 좀 뭐시기한데 이걸 상대방이 단어 그대로 해석해서

**You eat pieces of shit for breakfast?**

너 아침으로 똥 조각 먹는다고?

라고 받아치는데 이 장면에서 원어민들이 미친 듯이 터졌다고 합니다.

아침으로 똥을 먹는다고 말하는 게 어이없긴 하지만, 이게 대체 왜 웃긴지 알 수가 없

었어요. 뭔가 말장난인 것 같은데…

## A: You can't do that. I challenge you!

너 그러면 안 돼. 내가 맞서겠다!

## B: You want to fight? I eat pieces of shit like you for breakfast.

싸우고 싶어? (난 너 같은 똥 조각을 아침으로 먹는다고.)

## A: You eat shit?

너 똥 먹어?

## B: No!

아니! (얘가 말귀를 못 알아듣네…)

*Eat something for breakfast* 하면 ***아침으로 무언가를 먹는다***는 뜻입니다. 아침에 일어나면 자는 동안 밤새 굶었기 때문에 무척 배가 고프죠? 그래서 뭐든 다 먹어 치울 수 있을 것 같은 생각이 듭니다. 그래서 *eat something for breakfast*가 아무것도 아닌 듯 쉽게 해치울 수 있다는 뜻으로 쓰이기도 합니다.

### ▶ I eat pieces of shit like you for breakfast.

난 너 같이 나쁜 녀석을 쉽게 해치울 수 있어.

*Piece of shit*은 ***나쁜 사람, 나쁜 물건***이라는 뜻입니다.

관용어구를 한 단어씩 직역해서 말 그대로 듣고 받아쳤으니, 이중적인 의미를 아는 원어민들은 박장대소를 할 수밖에 없는 거죠.

# 이렇게 씁니다!

① 이 표현은 사람, 사물에 관계없이 다 사용할 수 있어요.

**I eat pressure for breakfast.**

압박감 정도는 아무것도 아니다.

② 익스트림 스포츠나 위험을 무릅쓰는 행동을 자주 하는 사람에게는

**He eats danger for breakfast.**

그 사람에게 위험 따위는 별것 아니다.

③ 누군가가 나에게 도전을 해온다면

**I eat people like you for breakfast.**

너 같은 사람은 쉽게 이길 수 있어.

라고 말할 수도 있지만, 이건 상대방을 좀 낮게보는 어감이니 상황에 따라 잘 사용하세요.

# Pants는 바지가 아니라 다른 뜻?

예전에 제가 한국에서 영어 강사를 할 때 영어 서머캠프 교사로 참여한 적이 있어요. 각 교사들은 자신이 맡은 반의 이름을 영어로 지어야 했는데, 저는 아이들에게 의견을 물어본 후 결정했어요. 그때 정한 이름이 정확히 기억나지 않지만, 아이들의 머리에서 나올 수 있는 귀여운 단어들의 조합이었어요. 그런데 어떤 반에서

**smarty pants**
똑똑한 바지

라는 이름을 들고나온 거예요. 저희 학생들이 처음 이 이름을 봤을 때 '???' 이런 반응이었습니다. 아마 선생님이 학생들 대신 센스 있는 이름을 지어준 거겠죠.

**A: How do you cut liquid?**

액체를 어떻게 자르게?

**B: I don't know.**

모르겠는데.

**A: You freeze it, and then cut it.**

얼린 다음에 자르면 되지.

**B: Smarty pants.**

(똑똑한 바지 같으니라고.)

**A: I'm wearing a skirt.**

나 치마 입고 있는데. (왜 바지래?)

**진저쌤의 TIP**

사람은 옷을 입습니다. 옷이 그 사람을 표현할 때도 많죠. 옷 중에는 남자가 주로 입는 것이 있고, 여자들을 위해 나온 제품도 있습니다. 이 중에 바지는 남녀노소 입을 수 있는 옷입니다. 그래서인지 바지가 '사람'을 뜻하는 단어로도 자주 쓰이더라고요.

 **Smarty pants.**

똑똑한 녀석들.

통통 튀고 귀여운 반 이름이죠?

# 이렇게 씁니다!

Pants 앞에 다양한 형용사를 붙여서 사용할 수 있어요.

① 어떤 사람이 기가 세고 다른 사람을 쥐고 흔드는 타입이라면

**He is a bossy pants.**
그 사람은 다른 이들을 쥐고 흔드는 타입이야.

② 상대방이 옷을 근사하게 차려입었다면 캐주얼하게 이런 말을 던질 수도 있어요.

**Look at you, fancy pants.**
와, 너 옷 화려하게 차려입었네.

③ 어떤 사람이 아는 걸로 잘난 척을 한다면

**Don't be a smarty pants.**
다 아는 척하지 마.
라고 할 수도 있어요. 앞으로 누가 '형용사 + pants'를 말했는데 바지로 해석했을 때 말이 안 된다면 '사람'이라는 뜻으로 생각하세요.

## 021 | 홍대 클럽 언니들을 보고
## 원어민들이 하는 말

지금은 아이 둘을 낳고 가정주부가 되었지만, 저도 젊었을 때는 클럽에 자주 다녔어요. 서울에 살 때는 홍대와 이태원 클럽을 누볐답니다. 남편이 미국인이고 하는 일이 영어 강사다 보니 원어민들과 어울릴 기회가 많았는데요, 홍대 클럽에 갈 때마다 원어민들이 빼놓지 않고 하는 말이 있었어요.

**She's on a mission.**
그녀는 임무를 수행 중이다.

화장 예쁘게 하고 잘 차려입어서 아무리 봐도 일하러 온 것 같지는 않은데 웬 임무?

**A: Look at her. She is so pretty.**
저 여자 봐. 진짜 예쁘다.

**B: She is on a mission.**
(임무를 수행 중이군.)

**A: Do you think she is working at this hour?**
저 여자가 지금 이 시간에 일하는 것 같아?

**B: No, that's not what I meant.**
아니, 내 말은 그 뜻이 아닌데…

산전수전 다 겪고 알려주는 진저의 실전 미국 영어

클럽에 가는 목적은 뭘까요? 재미있게 놀면서 춤추는 게 주 목적이겠지만, 그러다가 마음에 드는 사람을 만나서 눈이 맞을 수도 있고, 이후에 19금 행동을 할 수도 있고 사람마다 다양한 이유가 있겠죠.

클럽에 남자를 '꼬시러' 가는 언니들도 있을 거예요.

단시간에 사람을 꼬시려면 어떻게 해야 할까요? 일단 첫인상이 중요하겠죠. 그래서 예쁘게 화장을 하고 신경 써서 옷을 입습니다. 클럽은 장소가 장소이니만큼 섹시한 분위기도 어울리겠죠. 그런 언니들 중에 누가 봐도 명백하게 '저 사람은 남자를 꼬시러 나왔구나'라는 생각이 드는 사람도 있습니다.

그 언니는 '남자를 꼬시겠다는 미션'을 수행하러 나온 거죠.

##  She's on a mission.

남자 꼬시려고 작정하고 나왔네.

영화 <라라랜드>에서 엠마 스톤이 클럽에 가기 전에 친구들과 부르는 *Someone in the Crowd*라는 노래에도 나오는 표현입니다.

**Tonight we're on a mission.**

오늘 밤 남자를 꼬셔보는 거야.

진짜로 미션을 수행하고 있을 때도 쓸 수 있는 표현이니 상황을 보고 해석하면 됩니다.

① 클럽에 같이 가기로 한 여자 사람 친구가 너무 잘 차려입었으면

**Look at you! You're on a mission tonight.**

와 너 좀 봐! 오늘 남자 꼬시려고 작정했구나?

② 클럽에서 춤추고 있는 어떤 여자의 옷차림과 행동에 깃든 속셈이 너무 빤히 보인다면

**She's obviously on a mission, don't you think?**

저 여자, 남자 꼬시려고 나왔네, 그치?

③ 클럽에 가서 남자들과 재미있게 놀아봅시다.

**We're on a mission tonight. Let's have some fun.**

오늘 밤에 남자들을 꼬셔서 재미있게 놀자.

# 022

# 미국 파티에 갔는데 술이 없어서 당황한 사연

우리는 어른들의 모임이나 파티에 가면 으레 술이 있을 거라 생각합니다. 특히 한국인 들은 술을 좋아하니까 어떤 모임에 가더라도 가볍게 맥주나 소주 한 잔 정도는 빠지 지 않는 것 같아요. 사실 미국에서도 크게 다르지 않습니다. 파티를 여는 사람은 맥주 나 와인처럼 가볍게 마실 거리를 준비해두고, 파티에 가는 사람도 상황에 따라 술 종 류를 들고 가거나, 가기 전에 뭐 필요한 것 없냐고 미리 물어보는 경우도 있어요.

저는 어느 날 베이비 샤워(예비 산모에게 친구들이 아기 용품을 선물하는 파티)에 갔는데 옆 에 앉은 사람이 이렇게 말하는 거예요.

**I thought this was a dry party.**

이거 마른 파티인 줄 알았는데.

음…? 마실 물이 저기에 있는데 뭐가 말랐어?

**A: How have you been?**

그동안 어떻게 지냈어?

**B: This is fun. I haven't been to a party in a while.**

재밌네. 파티에 안 가본 지 좀 됐는데.

**A: I thought this was a dry party.**

(이거 마른 파티인 줄 알았는데.)

**B: What are you talking about? There is water right in front of you.**

무슨 소리야? 물 바로 네 옆에 있잖아.

대부분의 파티에 술이 있긴 하지만 술이 없는 곳도 있습니다. 아이와 부모가 같이 참석하는 상황이라든가, 파티를 여는 사람이 술을 전혀 하지 않는다든가 등 다양한 이유로요.

알고 보니 *dry*에는 **술이 없는**이라는 뜻도 있더라고요.
베이비 샤워에는 이미 출산을 한 친구들이 자기 아이들을 데리고 오는 일이 많기 때문에 술을 마시기 적절하지 않을 수 있죠.

## ▶ I thought this was a dry party.

술이 없는 파티인 줄 알았는데.

그런데 집에서 아이들 생일 파티를 하는 경우, 맥주 같이 도수가 높지 않은 술을 준비해놓는 곳도 가끔 있습니다.

# 이렇게 씁니다!

① 어른들이 모이는 파티에 술이 없으면 솔직히 밍밍하고 재미없지 않아요?

**Ew, this is a dry party? No fun.**
우웩, 여기 술 없는 파티야? 재미없다.

② 파티뿐 아니라 술이 없는 지역에도 dry라는 표현을 쓸 수 있어요. 미국 곳곳에 술이 금지된 지역이 있습니다.

**This is a dry town. You can't buy alcohol.**
여기는 술이 없는 도시라서 술을 살 수 없어.

③ 술이 없는 파티를 열고 싶을 때는 이렇게 말할 수 있겠죠.

**I want to make this a dry party.**
술이 없는 파티로 하고 싶어.

# 023

# 배가 무거운 임산부에게
# 영문 모를 소리를 하는 미국인들

저는 아이가 둘인데 첫째는 한국에서 낳았고 둘째는 미국에서 출산했습니다. 둘째를 가져서 배가 산만큼 불러 있을 때 사람들이 저를 보고 자주 하는 말이 있었어요.

**A bundle of joy.**
기쁨 꾸러미.

'임신한 여자의 배를 기쁨 꾸러미라고 부르나?' '무거워서 힘들어 죽겠는데 반어법 죽이네. 임신하면 기쁘기도 하니까 그럴 수도 있겠다.' 이런저런 생각이 들었어요.

A: **How are you doing with your pregnancy?**
　　임신했는데 잘 지내고 있어?

B: **My belly is really heavy, other than that it's all good.**
　　배가 엄청 무겁긴 한데, 그것만 빼면 다 좋아.

A: **You got a bundle of joy coming soon.**
　　(기쁨 꾸러미가 곧 오는구나.)

B: **Yeah, I am having a joyful time with my pregnancy, but what bundle?**
　　임신해서 기쁜 시간을 보내고 있긴 한데, 무슨 꾸러미?

아이를 돌보는 데 많은 노력이 들어가고 힘들 때도 있지만, 배 아파서 낳은 만큼 너무 예쁘고, 또 아이는 주변 사람들을 미소 짓거나 웃게 만듭니다. 아이를 키워보신 분이라면 공감할 거예요.

특히 아이를 다 키운 사람들은 신생아를 보면 저 아이가 미래에 부모에게 어떤 기쁨을 가져다줄 지 훤히 보여서 너무 예쁘고 마음이 훈훈해진다고 합니다. 저는 아이가 둘이나 있는데도 갓 태어난 아기를 보면 *Aww* (굉장히 귀여운 것을 봤을 때 원어민이 쓰는 감탄사)라는 소리가 절로 나와요. 그래서 신생아를 '기쁨 꾸러미'라고 부르나봅니다.

## ▶ You got a bundle of joy coming soon.

아기가 곧 태어나겠구나.

# 이렇게 씁니다!

① 곧 아이를 낳을 생각에 들떠있는 여자를 보면

**She is totally ready for her little bundle of joy.**
그녀는 아이를 낳을 준비가 되어 있다.

② 아이를 낳은 후에는 이렇게 축하할 수 있겠죠.

**Congratulations on your bundle of joy.**
아이 낳은 거 축하해요.

③ 아기가 너무나 예쁘다면 이렇게 감탄해보세요.

**Look at the gorgeous bundle of joy!**
아기 너무너무 예쁘다!

# 024

# 허리케인이 오면 슈퍼마켓에서 killing이 일어난다?

저는 미국 플로리다주에 살고 있습니다. 날씨가 따뜻해서 겨울에는 정말 좋지만, 여름에는 지옥 같은 더위와 허리케인이 옵니다.

매년 여름이 오면 해안 지역 사람들은 올해는 허리케인이 어떤 경로로 지나갈까 신경을 곤두세우지만, 저처럼 내륙 지방에 살면 크게 걱정할 필요는 없어요. 그런데 10년에 한번 정도는 미친 위력의 허리케인이 이곳으로 찾아온다고 합니다. 2017년이 바로그 해였어요. 허리케인 '어마'가 플로리다를 강타해서 마이애미와 키 웨스트 지역이 초토화되고, 내륙 지방에 사는 저도 피난을 갈 정도였으니까요.

따라서 사람들은 허리케인을 대비해서 다양한 물품을 준비해두기도 하는데요. 이때 슈퍼마켓은 난리가 납니다.

**A: Did you hear the news about Hurricane Irma?**

허리케인 어마에 관한 뉴스 들었어?

**B: Yeah, I went to a supermarket to buy some stuff and it was crazy.**

응, 슈퍼마켓에 물건을 사러 갔는데 장난 아니더라고.

**A: Supermarkets are making a killing.**

(슈퍼마켓이 죽음을 만들고 있지.)

**B: Somebody died in a supermarket?**

누가 슈퍼마켓에서 죽었어?

**Supermarkets make a killing during hurricane seasons.**
허리케인 시즌 동안 슈퍼마켓은 죽음을 만든다?

*Make a killing*이라니 서로 물건을 집어가려고 난리를 치다가 사고가 생겨서 사람이 죽기라도 한다는 뜻일까요?

갑자기 많은 사람이 슈퍼마켓으로 달려가서 선반에 있는 물건들을 싹쓸이한다면 혼잡해져서 사고가 생길 수도 있겠지만, 아직은 허리케인 시즌에 슈퍼마켓에서 사람이 죽었다는 뉴스를 본 적이 없습니다.
대신 물건이 미친 듯이 팔리면 슈퍼마켓은 큰돈을 벌겠죠. *Make a killing* 하면 '죽이게 돈을 만든다', 즉 ***떼돈을 벌다***라는 뜻입니다.

## ▶ Supermarkets are making a killing.

슈퍼마켓이 떼돈을 벌고 있다.

# 이렇게 씁니다!

① 미국에서는 크리스마스 시즌에 장난감이 미친 듯이 팔립니다. 장난감 회사에서는 아마도 회의 때 이런 말이 오가지 않을까요?

**We can make a killing on these toys if we market them for the holiday season.**
크리스마스 시즌에 마케팅을 잘하면 이 장난감으로 떼돈을 벌 수도 있겠어요.

② 많은 사람이 일확천금을 꿈꾸며 주식을 하지만 돈을 많이 버는 사람은 드물죠.

**It's hard to make a killing in the stock market, especially if you are a beginner.**
주식 시장에서 떼돈을 벌기는 어렵다, 특히 초보자라면 말이다.

③ 작가는 책이 많이 팔리면 떼돈을 벌기도 합니다. 저도 그랬으면 좋겠네요. 히히.

**She made a killing last year by selling so many books.**
그녀는 작년에 책을 엄청 팔아서 떼돈을 벌었다.

## 025 | 시어머니가 며느리의 브라우니에 점수를 매긴다고?

한국에서는 여자가 결혼하면 시어머니를 깍듯이 대합니다. 미국에서는 시어머니와 며느리의 관계가 한국보다 덜 경직되어 있는 것 같아요. 아들이 행복하게 잘 산다면 시어머니도 저에게 크게 바라는 점이 없고 저도 시어머니를 쿨하게 대하는데, 어느 날 평소보다 시어머니를 더 잘 챙겼더니 남편이 이런 말을 하더라고요.

**Are you trying to get brownie points?**
브라우니 포인트를 받으려고 하는 거야?

나 브라우니 안 만들었는데 뭔 소리여. 무슨 뜻인지 몰라서 그 자리에서 물어봤습니다.

A: **My mom wants to come over today.**
오늘 엄마가 놀러 오고 싶어 하셔.

B: **Cool. I will make roast beef for dinner which is her favorite, and she can stay as long as she wants.**
잘됐네. 저녁에 시어머니가 좋아하시는 로스트비프 만들게. 원하는 만큼 있다 가시라고 해.

A: **Are you trying to get brownie points?**
(브라우니 포인트를 받으려고 하는 거야?)

B: **What? I'm not going to make brownie**
뭐? 나 브라우니 안 만들 건데.

산전수전 다 겪고 알려주는 진저의 실전 미국 영어

미국에서 브라우니는 남녀노소 좋아하는 간식입니다. 단 걸 좋아하지 않아서 누가 "쿠키 먹을래?"라고 물어보면 사양하는 저도, 브라우니는 먹겠다고 합니다.

사람들이 좋아하는 브라우니의 포인트를 받는다고 하면, '누군가에게 점수를 딴다'는 뜻입니다.

## ▶ Are you trying to get brownie points?

점수 따려고 하는 거야?

며느리는 당연히 시어머니에게 점수를 따고 싶죠. 히히.

# 이렇게 씁니다!

① 직장에서 프레젠테이션을 잘했다든지 큰 업무 성과를 냈다면, 상사에게 브라우니 포인트를 받겠죠?

**He got major brownie points!**
그 사람 상사에게 엄청 점수 땄어!

② 평소에 방을 난장판으로 만들어놓던 아이가 어느 날 방을 깨끗하게 치웠다면

**You got brownie points for picking up your room.**
방 치워서 점수 땄네.

③ 누군가에게 잘 보이려고 기를 쓰는 사람이 있다면 이렇게 말해도 되겠죠.

**She's really trying to score brownie points.**
그 사람 점수 따려고 엄청 노력하던데.

# 026 | 가격도 아니고 사람을 보고 거품이 끼었다니?

사람들과 어울리다 보면 다양한 성격의 사람을 경험하게 됩니다. 보통 우울하거나 부정적인 사람은 피하게 되지만, 긍정적이고 같이 있으면 즐거운 사람과는 자주 어울리게 되죠. 유튜브 영상에서 보이는 것과는 달리 저는 차분하고 말이 없는 성격이라, 활달하고 수다스러운 사람들과 어울리는 것을 좋아해요. 그러면 그들의 이야기를 듣고 맞장구만 쳐줘도 재미있게 놀 수 있거든요.

그런데 어느 날, 누가 이런 말을 하는 것을 들었어요.

**She's such a bubbly person.**

그녀는 거품이 많은 사람이야.

저는 그 친구의 성격이 굉장히 활발하다고 느꼈는데 거품이 많다니, '가격에 거품이 낀 것처럼 필요 이상으로 오버를 할 때도 있어서 그런가?'라고 생각했습니다.

## A: It's so fun to hang out with her.

걔랑 어울리면 너무 재밌어.

## B: Right. She's such a bubbly person.

맞아. (그녀는 거품이 많은 사람이지.)

## A: I guess she sometimes overreacts to things.

(거품? 필요 이상으로 오버한다는 뜻인가?) 때때로 오버할 때도 있는 것 같아.

## B: No, she doesn't.

아닌데.

*Bubble*은 거품, *bubbly*는 ***거품이 많은***이라는 뜻입니다. 보글보글 솟아오르는 거품을 보고 있으면 여러분은 어떤 생각이 드나요? 저는 기분이 좋아요. 업 되는 느낌도 들고요. 미국에는 저와 비슷한 생각을 하는 사람이 많은 것 같아요.

*Bubbly* 하면 (거품이 보글보글 솟아오르는 것처럼) ***활달한, 쾌활한***이라는 뜻입니다.

## ▶ She's such a bubbly person.

그녀는 정말 쾌활한 사람이야.

그 뜻을 알고 난 후 '거품 낀 성격인가?'라고 오해했던 저 자신이 조금은 부끄러워졌습니다. 같이 있으면 정말 기분 좋은 친구였거든요.

① 어떤 사람의 성격이 명랑하고 쾌활하다면

**He has a bubbly personality.**
그는 쾌활한 성격을 가졌다.

② 명랑한 친구가 평소의 모습을 보여준다면

**She's bubbly as always.**
그녀는 평소처럼 명랑하다.

③ 명랑하고 쾌활한 사람은 주변인들을 기분 좋게 만들죠.

**His bubbly character makes people happy around him.**
그는 성격이 쾌활해서 주변 사람들을 기분 좋게 만든다.

## 의자에 앉아 있으면서 담장 위에 앉아 있다고 말하는 원어민들

사람들과 실내에서 대화를 나누다가 갑자기 이런 말을 들었습니다.

**I'm on the fence.**
나는 담장 위에 있어.

아니, 저기… 담장이 아니라 의자 위에 앉아 있잖아요. 앞뒤 문맥을 봐도 담장과 관련된 내용이 전혀 없었고, 사람들이 여러 명이라 '나 이거 모르는데 무슨 뜻이야?'라고 끼어들어서 물어볼 만한 상황이 아니었습니다.

일대일 대화 중에 모르는 게 나오면 전 꼭 물어보거든요. 사람들은 제가 원어민이 아니란 걸 알아서 귀찮아하지 않고 친절하게 가르쳐줍니다. 하지만 이번에는 제 힘으로 미스터리(?)를 풀어나가야 했습니다.

A: **Do I want to say "I like you." to this girl or not?**
여자한테 좋아한다고 고백할까 말까?

B: **Make up your mind.**
마음을 정해.

A: **I'm on the fence.**
(난 담장 위에 있어.)

B: **What do you mean? You are sitting right in front of me.**
뭔 소리야. 너 내 앞에 앉아 있잖아.

어떤 땅에 담장을 쌓으면 어떻게 될까요? 공간이 두 개로 나눠지겠죠?

담장 위에 올라가면 언젠가는 내려와야 하니까, 왼쪽으로 뛰어내릴지, 오른쪽으로 뛰어내릴지 결정을 해야 합니다. 그런데 결정을 하지 못하고 우물쭈물 하고 있다면 계속 담장 위에 머무르는 상태가 되겠죠.

그래서 *on the fence*하면 *이래야 할 지 저래야 할 지 결정을 내리지 못하는 상태*라는 뜻입니다.

## ▶ I'm on the fence.

결정을 못 내리겠어.

# 이렇게 씁니다!

① 어떤 사람이 결정을 내리지 못한다면 확인차 이렇게 물어볼 수 있어요.

**Are you still on the fence?**
아직도 고민 중이니?

② "이제 그만 좀 결정을 내려라. (으이구)" 라고 말하고 싶을 때는

**You can't sit on the fence forever, you need to make up your mind.**
결정을 영영 미룰 수는 없어, 마음을 정해야지.

③ 신중한 결정을 내려야 할 때가 온다면, 생각할 시간을 가지는 것도 나쁘지 않죠.

**Before making big decisions, he usually sits on the fence for a while.**
큰 결정을 내리기 전, 그는 잠시 고민할 시간을 가진다.

## 028 | Up을 써도 down을 써도 같은 뜻이 된다고?

유튜브를 하다 보면 가끔 게스트를 섭외하게 됩니다. 영상에 남편을 출연시키거나 주변 사람들에게 이러한 주제로 영상을 만들고 싶은데 인터뷰에 응해줄 수 있겠느냐고 물어봅니다.

흔쾌히 오케이 했던 사람이 있었는데, 나중에 연락이 잘 닿지 않아서 주변인에게 물어봤더니

**Maybe it means he's down for it.**
아마도 *down* 한다는 의미가 아닐까.

라고 하더라고요. 당최 무슨 뜻인지 알 수 없어서 대놓고 물어봤습니다.

## A: You have an interesting idea and he talked about it the other day.
네가 흥미로운 아이디어를 갖고 있다고 걔가 며칠 전 이야기하더라.

## B: Really? I'm not sure what he thinks.
진짜? 그 사람이 어떻게 생각하는지 난 잘 모르겠어.

## A: He's down for it.
*Down*이야.

## B: What does down mean?
*Down*이 무슨 뜻인데?

어떤 일이 있다면 우리에게는 두 가지 선택이 있습니다. 하거나, 하지 않거나. 하기로 했다면 우리는 그 일을 위해 엉덩이를 진득하게 붙이고 있어야 합니다. 특히 앉아서 하는 일이라면 말이죠. 말 그대로 엉덩이를 *down* 해놓고 있는 상황이 됩니다.
그래서 *down for something* 하면 *어떤 일을 할 마음이 있는, 어떤 일을 하기로 찬성한* 이라는 뜻입니다.

## ▶ He's down for it.

그는 그걸 하고 싶어 해.

그런데 친구가 이어서 *up for something*도 같은 뜻이라고 말해주더라고요.
고마워! 일석이조로구나. 히히.

# 이렇게 씁니다!

① 주말에 무얼 할지 결정해야 할 때, 쇼핑을 하러 가고 싶다면

**I'm down for going to the mall this weekend.**
난 이번 주말에 몰에 쇼핑을 하러 가고 싶어.

② 찬성한다면

**I'm down for it too.**
나도 하고 싶어.

③ Down의 자리에 up을 사용해도 같은 뜻이 됩니다.

**I'm up for going to bars Friday night.**
금요일 밤에 바에 가고 싶어.

## 029 | 지붕을 뚫고 나가는데 좋아한다니…

영어에는 비유를 사용한 표현이 아주 많습니다. 그래서 직역하면 이상해지는 경우가 비일비재하죠. 저는 관용어구를 들으면 '저기에는 어떤 뜻이 숨어 있을까? 어쩌다가 그런 의미가 된 걸까?'라고 생각해봅니다. 뜻을 모른 채 상상력을 발휘해서 맞출 때도 있지만, 뜻을 알고 난 후에 '아하!' 하면서 깨닫게 될 때도 많습니다.

**Their business went through the roof.**
그들의 사업이 지붕을 뚫고 나갔다.

사업이 어떻게 됐다는 뜻일까요?

## A: They've (They have) been running this business for over a year.

그 사람들이 사업을 운영한 지 일 년이 좀 넘었어.

## B: How are they doing?

어떻게 되고 있대?

## A: Their business went through the roof last month.

(지난달에 지붕을 뚫고 나갔어.)

## B: What happened to their roof?

지붕에 무슨 일이 생겼는데?

## A: Nothing.

(이상한 질문을 하네?) 아무 일 안 생겼는데.

산전수전 다 겪고 알려주는 진저의 실전 미국 영어

사업이나 사람이 하는 일은 보통 땅에서 벌어집니다. 우리가 땅 위에 사니까요. 그런
데 사업이나 일이 점점 상승세를 타고 위로 올라가다가 지붕을 건드릴 정도로 높아졌
는데, 이 상승세가 강해서 지붕을 뚫을 정도가 된 거예요.

그래서 *go through the roof*는 **급격하게 상승하다**라는 뜻입니다. 비유를 갖다 붙이니
그냥 단어의 조합만 달달 외우는 것보다 훨씬 이해가 잘되죠?

## ▶ Their business went through the roof last month.

그들의 사업이 지난달에 급성장했어.

# 이렇게 씁니다!

① 어떤 물건의 개수가 한정되어 있는데 많은 사람이 사고 싶어 하면, 매장에서는 정상 가격으로 팔리더라도 나중에 이베이 같은 곳에서 가격이 치솟겠죠?

**The price went through the roof.**
가격이 치솟았다.

② 특정 스타가 어떤 물건을 쓰고 방송에 나오면 그 물건이 미친 듯이 팔리기도 합니다.

**Sales of those sunglasses went through the roof since the movie star wore it in his movie.**
영화배우가 영화에 쓰고 나온 선글라스의 판매가 급증했다.

③ 어떤 유망 사업의 미래를 전망할 때 쓸 수도 있겠죠.

**Experts are predicting that the business would go through the roof.**
전문가들은 그 사업이 크게 성장할 것으로 내다봤다.

# 민트 컨디션은
# 대체 어떤 상태일까?

저는 중고 제품을 사는 것을 좋아합니다. 운이 좋으면 상태가 아주 좋은 제품을 착한 가격에 건질 수 있고, 지금은 더 이상 생산되지 않는 희귀한 아이템을 살 수도 있으니까요.

저는 한국에 살 때 CD를 모은 적이 있는데, 한국에서 절판되어 구하기 어려운 것들은 아마존에서 배송 대행을 통해 사곤 했습니다. 제품 상태에 대한 설명은 당연히 영어로 되어 있었겠죠?

*Good*. 상태 좋음. *Very Good*. 매우 좋음. 어려운 단어는 거의 없었어요. 그런데 어느 날 뜻을 알 수 없는 표현을 발견했습니다.

**Mint condition.**
민트 상태?


**A: It's $25.**
25달러입니다.

**B: Oh, I like it. Deal!**
맘에 들어요. 사겠습니다.

**A: It's mint condition.**
(민트 상태예요.)

**B: You mean, peppermint mint?**
어⋯ 페퍼민트 할 때 그 민트요?

Mint condition이라는 표현은 동전에서 유래되었다고 합니다.

나라에서 유통되는 동전을 만드는 곳을 mint라고 하는데, 동전 수집가들이 동전의 상태를 따질 때 'mint에서 나오자마자 사람들의 손을 타지 않고 새것인 상태'를 mint condition이라 불렀다고 합니다. 그래서 중고인 물건이 mint condition이라고 하면 *사용하지 않은 새 제품*이라는 뜻입니다.

▶ **It's mint condition.**

(중고 시장에 나왔지만) 새거예요.

# 이렇게 씁니다!

① 어떤 물건을 중고로 사려고 찾아보다가, 중고 시장에 나온 새삥(새것)을 발견하면 개이득이겠죠.

**I found this in mint condtion.**

이거 '새삥'으로 찾았어.

② 수집가에게는 상태가 좋은 새 물건이 훨씬 가치있죠.

**Collector's item, mint condition. It's worth more.**

수집가들이 모으는 건데 새 것이야. 가치가 더 높지.

③ 민트 컨디션인 제품을 발견해도 가격 때문에 중고를 골라야 하는 상황도 있죠.

**I got it for $300, but the mint condition one is over $500.**

이거 300불 주고 샀는데 새 제품은 500불 넘어.

# 031 | 사람에게서 연기가 나오게 만들겠다니, 설마…?

*Smoke*는 *연기*라는 뜻으로 쓰거나, 담배를 피울 때 사용하는 단어입니다.
그런데 어느 날, 노래를 듣다가 이런 가사가 나왔어요.

**I'm going to smoke you out.**
너에게서 연기가 나오도록 하겠어.

어떤 사람을 꼭 찾아내겠다는 내용이었는데, 왜 뜬금없이 연기가 나오는 거지? 연기를 피워서 추적하겠다는 건가? 저는 머릿속에 그림을 그리면서 영어 표현을 기억하는 습관이 있기 때문에 별생각을 다 떠올리곤 합니다.

**A: How is the investigation going?**
수사는 어떻게 진행되고 있어?

**B: He's (He has) been gone for over a week.**
그 사람이 없어진 지 일주일이 넘었어.

**A: I'm going to smoke him out.**
(그에게서 연기가 나오도록 하겠어.)

**B: What are you going to do? Make him smoke?**
뭔 짓을 할 건데? 그 사람 담배라도 피우게 만들려고?

알고 보니 *smoke someone out*에는 '숨어 있는 사람을 찾아내다'라는 뜻이 있었어요. 누군가가 사람들의 눈에 띄지 않으려고 동굴에 숨어 있다고 합시다. 바깥에서 불을 피워서 연기가 동굴 안으로 들어가게 하면 숨어 있는 사람이 숨이 막혀서 콜록 거리면서 밖으로 뛰쳐나오겠죠?

그래서 *숨어 있는 사람을 찾아낸다*는 의미가 됩니다.

### ▶ I'm going to smoke you out.

널 찾아내겠어.

# 이렇게 씁니다!

① 경찰은 숨어 있는 범죄자를 찾아내야 하죠.

**The police are determined to smoke out the leader of the gang.**

경찰은 그 범죄 조직의 우두머리를 찾아내기로 굳게 결심했다.

② 사람이 아닌 동물에게도 쓸 수 있어요.

**She smoked out the snake from the hole.**

그녀는 구멍 안에 숨어 있는 뱀을 찾아냈다.

③ 사람이나 동물이 아닌 비밀을 찾아낼 때도 쓸 수 있습니다.

**The New York Times smoked out the issue of the politician.**

뉴욕 타임스 신문은 그 정치인의 이슈를 밝혀냈다.

산전수전 다 겪고 알려주는 진저의 실전 미국 영어

# 032

# 일을 공정하고 정사각형으로 처리하라니 어떤 의미일까?

저희 남편은 *therapist* 심리상담사이고 저는 유튜버이기 때문에 일의 분야가 전혀 다릅니다. 하지만 둘 다 결국은 사람을 대하는 일을 하기때문에, 서로 일에 관한 이야기를 많이 합니다. 모든 일이 딱딱 잘 들어맞으면 좋겠지만 이 사람 저 사람 엮이다보면 별 상황이 다 생기죠. "헐" 소리가 나오는 경우도 많고요.

이럴 때 제 남편이 자주 사용하는 표현이 있습니다.

**Fair and square.**
공정하고 정사각형으로.

저는 이 표현을 처음 들었을 때 '*fair, 공정하게*'라는 말은 알겠는데, 정사각형은 뭐임?'이라고 생각했습니다.

**A: I just finished work.**
방금 일을 마쳤어.

**B: How did it go?**
어떻게 됐어?

**A: We did everything fair and square.**
공정하고 정사각형으로 했지.

**B: I understand 'fair', but what's 'square'?**
공정한 건 알겠는데 정사각형은 뭐야?

*Square* 정사각형은 네 면의 길이가 똑같은 도형입니다. 직사각형과는 달리 도형을 이루는 네 선의 길이가 공평하죠. 그래서 *fair and square*는 **공명정대하게, 정정당당하게** 라는 뜻으로 쓰여요.

## ▶ We did everything fair and square.

공명정대하게 처리했지.

16세기에는 *square*에 **공평한, 정직한**이라는 뜻이 있었다고 합니다. *Fair*만 써도 의미가 통하겠지만, 같은 의미를 가진 다른 단어를 두 번 반복함으로써 좀 더 의미가 강조된다고 볼 수 있겠죠.

① 경기를 할 때는 공정성이 중요합니다.

**He fought the match fair and square.**
그는 정정당당하게 싸웠다.

② 선거할 때도 마찬가지고요.

**We won the election fair and square.**
우리는 정정당당하게 선거에서 이겼다.

③ 서로에게 정직해야겠죠.

**I play fair and square, and I expect the same from you.**
나는 정정당당하게 경기를 해. 너에게도 같은 걸 기대하겠어.

# 033

# 툭하면 가스레인지의 안쪽 버너에 뭘 둔다는 미국인들

4구 가스레인지를 보면 조리를 할 수 있게 불이 나오는 버너가 앞에 두 개, 뒤에 두 개가 있습니다. 요리를 하다보면 아무래도 뒤쪽에 있는 것보다는 앞에 있는 것들을 더 자주 사용하게 되는데, 어느 날 항상 뒤쪽 버너에 뭘 놓는다는 사람을 만났습니다.

**I always put it on the back burner.**
난 항상 그걸 뒤쪽 버너에 놓아둬.


앞쪽 버너도 있는데 왜 굳이 불편하게 뒤쪽 버너에…?

**A: I'm constipated all the time.**
　　난 항상 변비가 있어.

**B: Make a habit of eating vegetables. It helps.**
　　채소를 먹는 습관을 들여봐. 도움이 돼.

**A: I know, but I always put it on the back burner. Not a fan of vegetables.**
　　아는데, (항상 그걸 뒤쪽 버너에 놓아둬.) 채소를 안 좋아해서.

**B: You always use a back burner? It's inconvenient.**
　　항상 뒤쪽 버너를 쓴다고? 불편한데.

남이 앞쪽 버너를 쓰든 뒤쪽 버너를 쓰든 관여할 일은 아니지만 저는 문맥으로 의미를 파악해보려 애썼어요. 그리고는 제가 추측한 뜻이 맞는지 나중에 사전을 찾아봤습니다.

*On the back burner*는 *~을 뒤로 제쳐 둔, 미뤄 둔* 이라는 뜻입니다.

## ▶ I always put it on the back burner.

난 항상 그걸 뒤로 미뤄 두게 돼.

먼저 해결해야 할 일을 앞에 두고, 나중에 할 일은 뒤에 (*back burner*) 두는 거죠. 어떤 것을 계속 미루기만 하고 제대로 하지 못할 때 쓸 수도 있습니다.

① 회사에서는 중요한 일을 먼저 빨리빨리 처리해야 하죠.

**The project was put on the back burner when more important jobs arrived.**

더 중요한 일이 생겼을 때 그 프로젝트는 뒤로 미뤄졌다.

② 살다보면 사정이 생겨서 일을 미뤄야 할 때도 있고요.

**We have to put our plans on the back burner for a while.**

잠시 우리의 계획을 미뤄둬야 해.

③ 그러다 보면 영영 처리하지 못하는 일이 생기기도 합니다.

**I never got to do it. Because it was always put on the back burner.**

그 일을 결국 하지 못했어. 항상 미뤄졌기 때문이야.

# 034

# 혈! 사람을 버스 아래로 던진다고?

액션 영화를 보고 있는데 한바탕 전투가 벌어지고 나서 수습을 하는 장면이 나온 후, 등장인물이 이런 대사를 내뱉었습니다.

**Are you going to throw me under the bus?**
너 나를 버스 아래로 던질 셈이야?

아니, 저기… 방금 전까지만 해도 팀을 이뤄서 잘 싸워놓고 다시 적이라도 된 건지. 그냥 한 대 쥐어패고 말지 굳이 사람을 지나가는 버스 아래로 던져서 고통스럽게 만들어야겠니? 나 잔인한 장면 싫어한단 말이야.

**A: Well, the situation is getting serious.**
음, 상황이 점점 심각해지고 있어.

**B: This is obviously your fault.**
이건 명백히 네 잘못이야.

**A: Are you going to throw me under the bus?**
(너 나를 버스 아래로 던질 셈이야?)

**B: No. Why would I do that?**
아니. 내가 왜 그걸 하는데?

누군가를 버스 아래로 던지는 것은 좋은 행동이 아닙니다. 버스 아래로 던져진다면 액션 영화 주인공의 경우 초인적인 능력을 발휘하여 위기를 벗어나거나 상처가 좀 생기고 말겠지만, 현실에서는 크게 다치겠죠? 해당 인물이 데미지를 입는 상태가 됩니다. *Throw someone under the bus*는 하면 누군가를 비난하거나 남의 탓으로 돌리는 것을 뜻해요.

쟤 잘못이야. (버스 아래로 던져버리자.) 그렇게 되면 비난받은 사람은 데미지를 입겠죠.

## ▶ Are you going to throw me under the bus?

내 탓으로 돌릴 거야?

**이렇게 씁니다!**

① 남을 밥 먹듯이 비난하는 사람은 어디에나 있죠.

**He always looks for someone to throw under the bus for his failings.**
그는 항상 자기 잘못을 남 탓으로 돌릴 상대를 찾아.

② 리더가 되면 비난을 감수해야 하는 경우도 생기고요.

**My boss was thrown under the bus for issues caused by his teammate.**
내 상사는 같은 팀 동료가 일으킨 문제 때문에 비난을 받았어.

③ 만만하게 보이면 당하기도 합니다.

**Why am I the one who people throw under the bus first?**
사람들은 왜 나를 제일 먼저 비난하지?

# 035

# 날씨 아래 있다는 건
# 어떤 상태일까?

제가 사는 미국 플로리다주의 날씨는 한국과 많이 다릅니다. 일단 따뜻한 곳이라서 겨울에 눈이 오지 않고, 여름은 지옥처럼 뜨겁습니다. 대신 겨울엔 한국 늦가을처럼 날씨가 환상적이지요.

여름에는 비가 많이 오는데 한국처럼 며칠 동안 추적추적 내리는 게 아니라, 아침에는 해가 쨍했다가 슬슬 구름이 끼기 시작하면서, 오후에 미친 듯이 비가 쏟아집니다. 한 달 이상 그런 것 같아요. 여름이 끝나갈 때쯤이면 허리케인이 올라와서 사람들을 불안에 떨게 만들고요. 저는 피난을 다녀온 적도 있습니다.

**A: I have a runny nose. It's annoying.**

콧물이 자꾸 나와. 짜증 난다.

**B: You don't look well today.**

오늘 컨디션이 안 좋아 보이긴 한다.

**A: I'm under the weather.**

(난 날씨 아래 있거든.)

**B: Yeah, it's raining today.**

응, 오늘 비 오고 있어.

**A: …?**

**I'm under the weather.**

나는 날씨 아래 있어.

이 표현을 처음 들었을 때 대체 날씨 아래 있다는 게 무슨 뜻인지 궁금했습니다.

사람은 날씨의 영향을 많이 받습니다. 날씨에 따라 기분이 왔다 갔다 하고, 날이 추우면 감기에 걸리기도 합니다. 그래서 *under the weather* 하면 *어떤 날씨 아래에서 영향을 받는 것*을 뜻합니다. 몸이 안 좋을 때 쓰는 표현이에요.

### ▶ I'm under the weather.

몸이 안 좋아.

날씨나 계절에 상관없이 사시사철 쓸 수 있습니다.

# 이렇게 씁니다!

① 아플 때 빨리 나으면 좋을 텐데요.

**I've been under the weather for a few days.**
요 며칠 몸이 안 좋았어. (지금도 안 좋아.)

② 누군가의 상태가 좀 그래 보인다면

**You look a little under the weather.**
너 몸이 좀 안 좋아 보인다.

③ 몸이 안 좋을 때는 쉬어야죠.

**I feel under the weather. I need to rest.**
몸이 안 좋아. 쉬어야겠다.

산전수전 다 겪고 알려주는 진저의 실전 미국 영어

# 036

# 지들도 스펠링 많이 틀리면서
# 스펠링 가지고 뭐라고 하다니

한국에 한글 맞춤법을 틀리는 사람이 많이 있듯이 미국에서도 마찬가지입니다. 한글은 글자당 소리가 하나이기 때문에 그나마 덜한데, 영어는 한 글자에서 나는 소리가 여러 가지죠? 묵음도 많고요. 그래서 어떤 단어는 스펠링을 쓸 때 환장할 것 같습니다. 미국인은 스펠링을 굉장히 많이 틀려요. 그런데 이런 말을 자주 쓰더라고요.

**Do I have to spell it out?**

내가 스펠링을 말해줘야 하니?

모르면 알려줄 수도 있지 뭐 그런 걸 가지고… 지들도 스펠링 많이 틀리면서 까칠하기는.

**A: I can't believe you did that to me.**

네가 나한테 그런 짓을 하다니 말도 안 돼.

**B: Why are you upset?**

왜 화가 난 건데?

**A: Do I have to spell it out?**

(내가 스펠링을 말해줘야 하니?)

**B: What? I know how to spell upset.**

나 *upset* (화난) 스펠링 알거든?

**A: …?**

스펠링 연습은 주로 유치원이나 초등학교에서 많이 하고, 학교를 졸업한 후에는 학생 때만큼 글을 쓸 필요가 없다 보니, 스펠링이 복잡한 단어는 긴가민가 헷갈리기도 합니다.

그런데 *spell out*에는 **철자를 말하다** 라는 뜻 외에도 **스펠링을 풀어서 하나하나 말하듯이 자세히 설명하다** 라는 의미가 있어요.

### ▶ Do I have to spell it out?

그걸 자세히 설명해줘야 하니?

내 기분이 상했는데 상대방이 왜 그런지 몰라준다면 "꼭 설명해야 아니? 눈치 없게…" 이런 태도를 취하는 것 보다는 그냥 말해주는 게 낫지 않을까요?

# 이렇게 씁니다!

① 감정을 솔직하게 털어놓아야 할 때도 있죠.

**Calm down and spell out exactly how you feel.**
진정하시고, 어떤 기분을 느끼고 있는지 자세하게 말해보세요.

② 계획 같은 것은 자세하게 설명하면 상대방의 이해에 도움이 됩니다.

**Let me spell out the details.**
세부 사항을 설명해드릴게요.

③ 상황에 따라서 자세하게 설명하는 게 더 나을 수도 있고요.

**I think it's better to spell it out to you.**
너에게 자세하게 설명하는 게 나을 것 같아.

# 귀로 플레이한다는 건
# 무슨 뜻일까?

제 친구 중 한 명이 굉장히 잘하는 것이 있습니다.

**Just play it by ear.**
귀로 듣고 연주해.

어떤 일이 닥쳤을 때 밥 먹듯이 이 표현을 쓰더라고요. 저는 귀로 듣고 연주한다는 뜻만 알고 있었는데, 그 상황은 음악과도 전혀 관련이 없었고 귀가 나올 상황도 아니었습니다. '???'라는 생각이 들 수밖에 없었죠.

**A: What's wrong?**
무슨 일이야?

**B: Our plan got messed up.**
계획이 엉망이 됐어.

**A: Just play it by ear.**
(귀로 듣고 연주해.)

**B: Uh··· There is no music to play.**
어··· 연주할 음악이 없는데.

**A: ···?**

음악을 연주할 때 악보를 보고 하면 완벽하고 좋겠지만, 모든 음악의 악보를 구할 수 있는 것은 아닙니다. 음 구분을 잘하는 사람들이 악보를 만들어 공유하는 일도 있지만, 오리지널과 100% 같지 않은 경우도 있고, 어느 정도 즉흥성이 들어가게 되죠.

그래서 *play something by ear*가 음악을 연주할 때가 아닌 일상생활에서 쓰일 때는 *계획 없이 (악보 없이) 즉흥적으로 무언가를 하다*라는 뜻이 됩니다.

### Just play it by ear.
상황 봐서 결정해.

# 이렇게 씁니다!

① 어떤 일을 해야 하는데 준비할 시간이 없다면, 즉흥적으로 대처해야겠죠.

**She had no time to prepare for the party.**
**So, she played it by ear.**
그녀는 파티를 준비할 시간이 없어서 상황이 되는 대로 했다.

② 계획이 잘 이뤄질지 아닐지 확실하지 않다면

**If this plan doesn't work out, let's play it by ear.**
계획대로 되지 않으면 상황 봐서 처리하자.

③ 계획을 만들지 않고 '삘' 받을 때 어떤 행동을 하는 것도 괜찮죠.

**I don't know what I'm doing tomorrow. I'll play it by ear.**
내일 뭘 할지 모르겠어. 내키는 대로 할래.

# 038

# Heart를 마음으로
# 오해한 사연

*Heart*는 *심장*, *마음*이라는 뜻을 가지고 있습니다. 그래서 들으면 마음이 따뜻해지는 단어입니다.

저희 남편은 영화 대사를 외우는 것을 좋아하는데요, 일상 대화를 나눌 때 특정 영화 대사를 툭툭 던져서, 처음에는 '이 사람이 왜 저런 소리를 하나'라는 생각이 들 때가 많았습니다. 지금은 함께한 지 오래되어 척하면 척 알아듣고 웃거나 받아치기도 해요. 영화 대사를 어떻게 그렇게 많이 기억하냐고 물었을 때 남편은 이렇게 대답했는데

**I know it by heart.**
마음으로 알고 있어.

영화를 너무너무 좋아해서 대사를 마음속에 간직하고 있다는 뜻인 줄 알았어요. 그런데 알고 보니 전혀 다른 의미더라고요.

**A: How do you remember so many movie lines?**
　　넌 어떻게 그렇게 영화 대사를 많이 기억하는 거야?

**B: I know it by heart.**
　　(마음으로 알고 있어.)

**A: Those movie lines must be special to you.**
　　엄청 특별한 대사들인가 보네.

**B: Nope. I just do it.**
　　아니. 그냥 하는 건데.

**A:** (실망)

*By heart*는 언뜻 보기에 마음과 연관되어 있을 것 같고, 그렇게 해석을 해도 말이 되는 경우가 많기 때문에 저는 오랫동안 *by heart*의 뜻을 잘못 알고 있었어요.

고대 그리스인은 심장이 생명과 관련이 있기에 굉장히 특별한 장기로 여겼고, 감정뿐 아니라 지능이나 기억력과도 관련이 있다고 믿었습니다. 그래서 *by heart*가 *심장의 지능(?)을 이용해 외운*이라는 뜻이 되었어요.

▶ **I know it by heart.**

외워서 알고 있어.

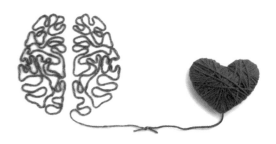

# 이렇게 씁니다!

① 영어 공부할 때는 암기하는 것도 중요하죠.

**I try to learn English words and idioms by heart.**

나는 영어 단어와 숙어를 암기하는 방법으로 영어 공부를 하려고 노력한다.

② 배우들은 대사를 암기해서 먹고삽니다.

**Actors and actresses have to know their lines by heart.**

배우들은 대사를 암기해서 알고 있어야 한다.

③ 중요한 전화번호는 기억하고 있어야 하죠.

**I dialed this number all the time, I know it by heart.**

이 번호로 밥 먹듯이 전화를 걸었더니 이 번호는 외우고 있어.

# 039

# 미국에서 많이 생기는 '제 1세계 문제'는 어떤 걸까?

우리는 살면서 많은 문제를 겪습니다. 그 중에는 심각한 문제도 있고, 별것 아닌 문제도 있죠. 그런데 미국에 살면서 정말 많이 듣는 문제가 있어요. 바로 *first world problem* 입니다. 누가 불평을 하면 기다렸다는 듯이

**First world problem.**
제 1세계 문제.

라고 말하는 사람이 많아서 이게 뭔 뜻인가 싶었습니다.

**A: Your phone is getting old.**
너 핸드폰 구형이네.

**B: Yeah. I want to buy iPhone 11, but don't have the money.**
응. 아이폰 11를 사고 싶은데 돈이 없어.

**A: First world problem.**
제 1세계 문제로군.

**B: What the heck is that?**
대체 그게 뭐야?

'*Third world countries*, 제 3세계 국가, 개발도상국'이라는 표현 들어보셨나요? 지금은 아니지만, 한국도 예전에는 여기에 속해 있었죠. 사실 *third world country*에는 좀 내려보는 듯한 어감이 있어서 그다지 좋은 표현은 아닙니다.

*Third world*가 개발되고 있는 단계라면 *first world*는 개발이 많이 되어서 잘 살고 있는 선진국 단계입니다.

못사는 나라에서는 밥을 굶거나 살 집이 없는 등 생존과 관련된 문제들이 많이 생기지만 선진국에서는 대부분의 국민들이 의식주가 해결된 상태이기 때문에 다른 문제로 불평을 하게 됩니다. 그중에서도 별것 아닌 사소한 문제를 가지고 투정을 부릴 때 *first world problem* 이라고 합니다.

 **First world problem.**

별것 아닌 문제네.

① 아이들은 별거 아닌 것 가지고도 난리를 치죠.

**My daughter didn't want to eat her food, because she found a piece of onion in it. First world problem.**

딸이 음식에 양파 한 조각이 들었다고 안 먹는다고 했어. 배가 불렀군.

② 자식이 부모의 '등골 브레이커'가 되도록 놔둬서는 안 됩니다.

**My son told me that he hated me, because I didn't buy him a new iPhone. First world problem.**

우리 아들이 아이폰 새로 안 사준다고 내가 싫다고 했어. 별것 아닌 걸 가지고.

③ 선택의 여지가 너무 많아서 결정 장애를 겪는 것도 비슷한 문제라고 볼 수 있겠죠.

**I can't decide what to wear tonight. First world problem.**

오늘 밤에 뭘 입을지 결정 못 하겠다. 사소한 문제이긴 한데.

# 040

# 폭풍을 어떻게
# 요리한다는 걸까?

어느 날 파티에 초대 받았어요. 한국에서는 '파티' 하면 거창한 것을 생각하지만 미국에서는 친구를 집에 초대하는 것도 파티라고 합니다. 사람에 따라서 조촐하게 열기도 하고 크게 벌이기도 하죠. 그 친구는 큰 집에 살고 있고, 일을 좀 벌이는 스타일이라 내심 재미있는 파티가 될 거라고 기대했어요.

파티에 가기 전에 친구와 문자를 주고받는데 이런 메시지를 보내더라고요.

**I'll be cooking up a storm.**
폭풍을 요리하고 있을 거야.

음…? 그건 또 무슨 종류의 음식이람.

**A: Are you coming this evening?**
오늘 저녁에 오니?

**B: Yes. I'm looking forward to your party.**
응. 파티 엄청 기대하고 있어.

**A: I'll be cooking up a storm.**
(폭풍을 요리하고 있을 거야.)

**B: How are you going to cook a storm?**
폭풍을 어떻게 요리하는데?

미국에 살면서 원어민이 하는 말을 주의 깊게 듣다보니까 이 사람들이 동사 뒤에 *up a storm*이라는 표현을 자주 쓴다는 걸 발견하게 됐어요.

*Storm*, **폭풍**하면 어떤 이미지가 떠오르나요? 폭풍이 오면 비바람이 휘몰아치고 난리가 나죠? 그래서 동사 뒤에 *up a storm*을 붙이면 폭풍이 휘몰아치듯이 *어떤 행동을 격렬하게 하다*라는 뜻이 됩니다.

### ▶ I'll be cooking up a storm.

엄청 열심히 요리하고 있을 거야.

한국에서도 어떤 일이 격렬하게 벌어질 때 '폭풍 성장, 폭풍 흡입' 등 '폭풍'이라는 단어를 갖다 붙이잖아요. 한국말에서는 '명사+명사', 영어에서는 '동사+구'의 결합이라 사용 방법은 다르지만 의미는 비슷하다고 보시면 됩니다.

# 이렇게 씁니다!

① 클럽에 갔다가 격렬하게 춤추는 커플을 보았습니다.

**They are dancing up a storm.**

춤 진짜 열심히 춘다.

② 격렬하게 웃는다면

**We were laughing up a storm at a comedy show.**

코미디 쇼에서 미친 듯이 웃었다.

③ 친구가 폭풍 수다를 떨었습니다.

**She was talking up a storm all night.**

걔가 밤새도록 폭풍 수다를 떨었어.

# 한국인처럼 생각하면
# 어리둥절해지는 영어 표현

# 쉬운 단어를 굳이 친절하게
# 스펠링으로 말하는 이유

우리는 보통 영어 단어 시험 시간에 스펠링을 쓰거나, 영어 단어 스펠링 콘테스트에서 학생들이 특정 단어의 스펠링을 말하는 것을 볼 수 있습니다. 어떤 단어의 스펠링이 헷갈리거나 잘 모를 때 상대방에게

**How do you spell it?**
그거 스펠링이 뭐야?

라고 물어보기도 하지요.

그런데 제가 미국에서 아이를 키워보니까 단어를 스펠링으로 말할 기회가 많더라고요. 아이에게 단어를 알려주기 위한 게 아니라 전혀 다른 목적으로요.

미국 어린아이들은 말은 잘하지만 스펠링에는 서툰 경우가 많습니다. 그래서 부모들은 아이가 듣지 않았으면 하는 단어를 일부러 스펠링으로 말해요.

## ▶ I bought a b-i-k-e for her birthday.

아이 생일 선물로 ㅈㅏㅈㅓㄴㄱㅓ를 샀어.


아이들이 등장하는 만화나 영화에서도 이렇게 스펠링을 말하는 장면을 어렵지 않게
찾아볼 수 있어요.

처음에는 이상하다고 생각했는데 쓰다보니 정말 좋은 방법 같습니다.
그런데 아이들이 머리가 커서 스펠링을 잘 알게 되면 소용이 없다는 단점이 있어요.
저에게는 그럴 날이 머지않았습니다. 얼른 다른 방법을 생각해내야겠네요.

# 이렇게 씁니다!

① 집에서 뭔가를 먹고 있으면 아이들이 쪼르르 달려와서 한 입만 달라고 합니다. 보통은 주지만 때로는 혼자만 먹고 싶을 때가 있어요. 그러면 저는 남편에게 이렇게 말합니다.

**I'm going to the bedroom and have some c-o-o-k-i-e-s.**
침실에 가서 ㅋㅜㅋㅣ 좀 먹을게. (그러니까 나 찾지 마.)

② 크리스마스가 다가오면 미국 부모들은 아이들을 위한 선물을 엄청나게 많이 삽니다. 뭐 샀냐고 물어볼 때 혹시라도 아이가 들으면 안 되기 때문에 스펠링으로 말해요. 단어가 좀 길 때는 스펠링으로 일일이 말하기 성가시긴 하지만요.

**I got a t-e-d-d-y-b-e-a-r for Christmas.**
크리스마스 선물로 주려고 ㅌㅔㄷㅣㅂㅔㅇㅓ를 샀어.

③ 아이들을 떼어놓고 친구들끼리 디즈니랜드를 갈 예정이라면 남편에게 이렇게 말할 수 있겠죠.

**I'm going to D-i-s-n-e-y with my friends with weekend.**
나 이번 주말에 친구들이랑 ㄷㅣㅈㅡㄴㅣ에 가.

# 042

# 학번이라는 표현은
# 영어에 없다?

한국에서 대학 이야기를 할 때면 학번이 꼭 등장합니다. 특히 같은 학교 졸업생을 만나면 몇 학번인지 꼭 물어보죠. 저는 ○○대학교 99학번입니다. 졸업은 2004년 여름 학기에 했고요.

**I graduated university in 2004.**

저는 2004년에 대학을 졸업했어요.

졸업 후 첫 직장으로 영어 회화 강사를 하게 되었는데, 같은 학원에서 일하는 원어민 선생님 중에는 대학교를 졸업하고 학자금 대출을 갚기 위해 한국으로 온 사람들이 꽤 있었어요. 그런데 이 사람들은 학번에 관한 이야기를 전혀 하지 않았습니다.

알고 보니 미국에는 학번이라는 표현 자체가 없다고 합니다.
한국에서는 재수를 하지 않은 이상 학번으로 나이를 가늠해서 선후배를 나누죠. 그런데 영미권 문화에서는 상대방의 나이를 물어보는 것이 실례입니다. 저는 미국에 와서 사귄 친구들 대부분의 나이를 몰라요. 그리고 이건 자랑(!)이지만 서양인의 눈에는 동양인이 어려 보여서 나중에 제가 30대라고 밝히면 20대인 줄 알았다면서 깜짝 놀라기도 합니다.

한국에서는 고등학교 때까지 피 터지게 공부하고 대학에 들어가서 노는 사람이 많지만, 미국에서는 그 반대예요. 고등학교는 오후 2~3시가 되면 끝나서 방과 후 활동을 하거나 아르바이트를 하는 학생들이 많은데 대학에 들어가면 진짜 열심히 공부해야 합니다. 들어가는 것보다 졸업하는 게 더 어려운 게 미국 대학이에요.

비싼 학비 등 여러 가지 이유로 입학하더라도 졸업하지 않는 학생들이 많고, 나이를 따지지 않는 문화 때문에 미국에서는 학교에 입학한 연도보다 졸업한 연도를 더 중요하게 생각합니다.

그래서

## Class of 2004.

2004년 졸업생이에요.

라는 표현을 씁니다. 04학번이 아니라요.

이제부터는 미국인들과 함께 학번 대신 졸업 연도에 관한 이야기를 나눠보세요.

# 이렇게 씁니다!

① 2000년 이후로는 네 자리 숫자를 전부 말하지만 1999년까지는 뒤의 두 자리 숫자만 말해요.

**We have the reunion of class '99 tomorrow.**
내일 99년 졸업생 동창회가 있어.

② 같은 학교 졸업생을 만났는데 낯이 익어서, OO년도 졸업생이냐고 물어보고 싶다면

**Were you in the class of 2004?**
2004년 졸업생이에요?

③ "OO학교 OO년 졸업생이에요"라고 말하고 싶을 때는

**Harvard business school, class of '94.**
하버드 경영대학원 94년 졸업생이에요.

# 043

# 미국 극장에서 미성년자가 청소년 관람 불가 영화를 볼 수 있는 이유

예전에 한국에서 영화 <데드풀>이 개봉했을 때 많은 미성년자들이 극장에서 못 봐서 아쉽다고 안타까워했습니다. 나중에 다른 경로로 봤을 수도 있겠지만, 일단 극장 출입은 금지입니다.

**Minors can't watch R-rated movies.**
미성년자는 청소년 관람 불가 영화를 볼 수 없다.

저는 데드풀을 극장에서 관람했는데 누가 봐도 고등학생 정도밖에 안 되는 아이들이 앉아있었어요. '설마 저 애들이 전부 다 성인인데 심하게 동안인가?' 라는 의문이 들었습니다.

그리고 얼마 후 <엑스맨> 울버린이 주인공으로 나오는 청불 영화 <로건>을 보러 갔을 때는 극장에서 아이의 울음소리가 났어요. 꽤 잔인한 영화였는데 '헐… 이런 영화에 애를 들여보내면 어떡해! 미국 극장은 영화 등급을 우습게 보나? 한국보다 느슨한가?' 별 생각이 다 들더라고요.

그런데 알고 보니 미국은 한국과 법이 달라서 부모가 동반하면 미성년자도 청불 영화를 볼 수 있다고 합니다. <데드풀>은 고등학생 애들이 부모를 졸라서 같이 보러 갔을 테고, <로건> 때는 부모가 영화를 너무 보고 싶은데 아이를 맡길 데가 없어서 그냥 데리고 들어온 것 같습니다. 그래도 이건 잔인한 영화인데 좀 참지 그러셨어요.

그런데 모든 청불 영화가 부모님과 함께 볼 수 있는 것은 아니고 미국에는 청불 영화의 등급이 두 가지가 있습니다.
*R*과 *NC*-17입니다.
*R*은 *restricted*의 약자로 18세 미만 청소년은 부모와 동반하면 입장할 수 있어요.
*NC*-17은 *No one* 17 *and under admitted*, 17살 이하는 입장이 안 되는 영화입니다.
보통은 야한 장면이 많은 영화가 *NC*-17 등급을 받아요.
청불 영화라도 잔인한 영화는 청소년 관람이 허락되고 야한 영화는 안 되는 겁니다.

# 이렇게 씁니다!

① 청소년 관람 불가 영화냐고 물어보고 싶다면

**Is it R-rated?**
그거 청불 영화예요?

② 아이들끼리 서로 청불 영화를 봤냐고 호기심에 물어볼 수도 있겠죠.

**Have you watched R-rated movies?**
청불 영화 본 적 있어?

③ 저는 아이들이 성인이 될 때까지 청불 영화를 같이 보러 극장에 데려가고 싶은 생각이 전혀 없기 때문에, 저희 아이들은 18살이 되자마자 극장에 달려간 후 이렇게 소리를 지를지도 모릅니다.

**I saw my first R-rate movie!**
처음으로 청불 영화를 봤다!

# I'm fine. 은
# 괜찮다는 뜻이 아니다?

- **How are you?** 어떻게 지내요?
- **I'm fine.** 전 괜찮아요.
- **Thank you.** 고마워요.
- **And you?** 당신은요?

한국에서 영어를 배웠다면 모르는 사람이 없는 예문이죠.
그런데 미국에 살아보니까 *I'm fine.*이 괜찮다는 뜻이 아닐 때가 많더라고요.

미국에는 이런 농담이 있습니다. '여자가 *fine*이라고 말하면 절대 *fine* 한 것이 아니니
남자들은 진짜로 그 말을 믿었다가 나중에 감당하기 힘들어질지도 모른다.'
모든 여자가 그런 것은 아니겠지만 진짜로 *fine* 한지 아닌지는 말투나 표정을 보면 알
수 있겠죠. 말로는 괜찮다고 하지만, 분위기나 다른 것들이 *fine*하지 않으면 그 안에
숨어 있는 속뜻을 읽어내야 합니다.

**Fine.** (안 괜찮은데 지금 별로 말하고 싶지 않아.)
**Fine.** (피곤해서 구구절절 설명하기 싫어.)
**Fine.** (굳이 말싸움 시작하기 싫어.)

같은 뜻이 숨어 있다고 하네요.


여자뿐 아니라 남자도 안 괜찮을 때 *fine*을 씁니다.


*Fine.* (안 괜찮지만 그냥 내버려 둬.)
눈치가 빠른 사람이라면 괜찮겠지만 저처럼 둔한 사람에게는 참으로 알쏭달쏭할 수
밖에 없습니다.

# 이렇게 씁니다!

① 남자들은 여자들의 의사소통 방식에 대해 가끔 미스터리하게 생각합니다.

**She said she was fine. But then she got mad. Apparently, I didn't care about her feelings.**
그녀가 괜찮다고 했는데 화를 내더라고. 알고 보니 내가 그녀의 마음을 못 헤아렸대.

② 저희 남편 표정이 별로여서 괜찮냐고 물어보면 그렇다고 하는데 뭔가 미심쩍을 때가 있어요.

**You said you were fine, but you don't look fine.**
당신, 괜찮다고 했는데 안 괜찮아 보여.

③ 왜 사람들은 솔직하게 자기 감정을 말하지 않을까요?

**Why do people say "I'm fine." when they're not fine?**
왜 사람들은 괜찮지 않은데 괜찮다고 말하는 거지?

# 045

# 미국에서 "I'm from Korea." 라고 하면 귀찮아지는 이유

미국에 처음 왔을 때 사람들이 저더러 어디서 왔냐고 물어보면

**I'm from Korea.**
한국에서 왔어요.

라고 대답하곤 했습니다. 그런데 이렇게 말하면 꼭 뒤에 따라붙는 질문이 있었습니다. 이 사람이 잘 몰라서 그러려니 했는데 상당수의 사람이 저에게 같은 질문을 했어요. 처음에는 친절하게 대답했지만, 시간이 지날수록 지겹고 귀찮아지더라고요. 그래서 대답을 바꿨더니 더 이상 사람들이 귀찮게 굴지 않았습니다.

 **I'm from South Korea.**

저는 남한에서 왔어요.

진저쌤의 TIP

대한민국에 사는 우리들은 남한과 북한의 차이를 확실히 알고 있습니다. 북한에서는 고위층 사람이 아니면 나라 밖으로 나갈 수 없다는 것도요.

그래서 해외로 나가는 한국인은 죄다 남한 사람일 거라고 생각하고는 *I'm from Korea*.라고 합니다. 그러면 상당수의 미국인들은 *South or north*?라고 물어봅니다. 우리의 입장에서는 '아니 이 사람들이 그런 것도 몰라? 북한 사람들은 해외여행을 못 하잖아!'라고 생각하지만, 미국인들은 정말 몰라서 물어보는 겁니다.

처음에는 기분이 좀 그랬지만 같은 상황이 계속 반복되다 보니 저 질문이 더 이상 안 나오도록 대답을 바꿔야겠다는 생각이 들었습니다.

**I'm from South Korea.**

남한에서 왔어요.

일단 이렇게 말하고 나면 이어지는 대화에서는 더 이상 *south*를 붙이지 않고, *Korea* 라고만 말해도 남한이라고 알아듣습니다.

## 이렇게 씁니다!

① 북한 사람들은 해외여행을 못 한다고 추가로 설명을 해줘도 괜찮겠죠.

**I'm from South Korea. People from North Korea can't travel overseas.**

남한에서 왔어요. 북한 사람들은 해외여행을 못 해요.

② 요즘 미국 젊은이들 사이에서 케이팝이 엄청 인기를 끌고 있으니까 엮어서 같이 말할 수도 있겠고요.

**I'm from South Korea, the home of K-pop.**

남한에서 왔어요. 케이팝이 만들어진 곳이죠.

③ 혹은 멋진 나라라고 자랑해도 됩니다.

**I'm from South Korea. It's a beautiful country.**

남한에서 왔어요. 멋진 나라예요.

# 046

# 미국인이 식탁에서 밥 먹듯이 쓰는 '5초의 규칙'이 뭘까?

나라마다 문화가 다르듯이 식탁 예절과 문화도 다양합니다.

한국에서는 큰 그릇에 담긴 요리를 여러 사람이 나눠 먹는 경우를 종종 볼 수 있지만, 미국인들은 한 개의 그릇에 여러 개의 숟가락이 들락날락하는 것을 보면 비위생적이라고 생각하면서 충격을 받는다고 합니다. 미국에서는 자기 먹을 것을 딱 시켜서 그음식만 먹어요. 나눠 먹는 경우도 있는데, 치킨 텐더 같은 핑거 푸드(손가락으로 집어 먹을 수 있는 요리)를 주로 시킵니다.

한국에서는 음식이 바닥에 떨어졌을 때 주워 먹으면 비위생적이고 없어 보인다고 생각하는데 (저는 아무도 안 볼 때는 슬쩍 주워서 얼른 입에 집어넣기도 합니다) 미국에서는 당당하게 주워 먹을 수 있습니다. 이 규칙만 지킨다면요.

*5-second rule*(5초의 규칙)은 음식을 바닥에 떨어트렸을 때 5초 내로 주워 먹으면 괜찮다는 뜻입니다. 성인보다는 주로 아이들이 사용해요. 떨어진 음식을 잽싸게 주운 다음에 *5-second rule*! 이라고 말하고 먹는 겁니다.

왜 5초인지에 대해서는 다양한 설이 있습니다. '바닥에 음식이 닿는 순간 세균이 묻어서 1초마다 기하급수적으로 증가하는데, 5초까지는 음식에 번식한 세균의 숫자가 사람의 건강에 해를 끼칠 만큼 많아지지 않는다' 는 이야기를 제일 많이 들어본 것 같습니다. 믿거나 말거나입니다. 바닥에 10초 넘게 떨어진 음식을 주워 먹었는데 아무렇지 않은 적이 있었거든요. 바닥 청소가 얼마나 잘되어 있느냐에 달렸겠지요.

# 이렇게 씁니다!

① 음식이 떨어지는 순간 잽싸게 포착해서 집습니다.

**5-second rule! It's safe to eat.**

5초 안에 집었어. 먹어도 괜찮아.

② 5초의 법칙이 말이 안 된다고 생각하는 사람도 있습니다.

**5-second rule doesn't make sense. Don't eat food from the floor.**

5초의 법칙은 말이 안 돼. 바닥에서 음식 주워 먹지 마.

③ 하지만 널리 쓰이니까 사전을 찾아도 나오는 거겠죠?

**I just heard someone calling out "5-second rule!"**

방금 누가 '5초의 법칙'이라고 소리치는 걸 들었어.

# 047

# 이 단어를 모르면 미국 식당에서 팁 이중으로 낼 수 있다!

한국에는 팁 문화가 없습니다. 식당에서 음식을 먹거나 어떤 장소에서 서비스를 받은 후 영수증에 찍힌 가격만 내면 되죠. 하지만 미국에서는 식당에서 서버에게 팁을 줘야 합니다. (안 그러면 쫓아오는 경우도 있다고 하네요.)

한국에서 30년 넘게 살았던 저는 처음에 이 팁 문화가 매우 불편했습니다. 불필요한 돈을 내는 거라고 생각했거든요. 하지만 서버들의 속사정을 알고 나니 적정 금액의 팁을 줘야겠다는 마음이 들었습니다.

2019년 기준으로 제가 사는 플로리다의 최저 시급은 8.46달러입니다. 하지만 서버들은 그것보다 훨씬 낮은 5.44달러를 받습니다. 그러니까 팁을 받지 않으면 먹고살기가 힘든 구조입니다.

기본 팁은 18%, 서비스가 별로였으면 15%, 좋았으면 20%를 줍니다.
요새는 계산서에 팁 금액이 찍혀 나오는 경우가 많아서 그걸 보고 참고하면 됩니다.
그런데 팁을 항상 *tip*이라고 하지 않고 다른 단어를 쓰는 경우가 있어요. 이 단어를 모르면 본의 아니게 팁을 이중으로 내는 바가지(?)를 쓸 수 있습니다.

진저쌤의 TIP

바로 *gratuity*라는 단어입니다. 팁이라는 뜻이에요.

미국 식당에서는 보통 6인 이상의 사람이 모여서 앉으면 자동으로 *gratuity*가 18% 계산서에 포함되어서 나옵니다. 그런데 팁을 써넣는 줄이 있는 일반 영수증과 똑같이 생겼습니다. 단지 *gratuity* 한 줄이 추가된 버전이죠. 그래서 영수증을 제대로 확인하지 않고, 이 단어를 모르면 팁 란에 또다시 18%를 적게 될 수가 있습니다. 실제로 이런 일이 꽤 생긴다고 들었어요.

그리고 해외에서 많은 사람이 방문하는 관광지에 있는 식당이나 바에서는 미국의 팁 문화에 대해 모르는 사람들이 팁을 내지 않고 나가버리는 상황을 방지하기 위해 영수증에 *gratuity*가 붙어서 나오는 경우가 많습니다. 주말에 바쁜 식당 같은 경우는 평일에는 평소대로 팁을 내게 하고, 주말에만 *gratuity*가 붙어서 계산되는 곳도 있습니다.

그러니까 영수증에 *gratuity*가 붙어 있는지 아닌지를 꼭 확인하세요.

① 미국 식당에서는 서버들에게 팁을 내야 합니다.

**Servers expect gratuities from customers.**
서버들은 손님들에게 팁을 기대한다.

② 계산서에 팁이 포함되어 있는지 잘 확인하세요.

**18% gratuity will be included in your checks when a party has 6 or more people.**
6인 이상의 그룹일 경우 계산서에 18%의 팁이 포함됩니다.

③ 팁을 꼭 내야 하지 않는 상황에서 팁을 줘도 괜찮아요.

**Gratuities are not expected, but it will be appreciated.**
팁을 안 내셔도 되지만, 주시면 감사히 받겠습니다.

# 048

# 교과서에서 첫 배운 sir, ma'am의 제대로 된 사용법

저는 중학교 교과서에서 *sir*는 남자에게 *ma'am*은 여자에게 쓰는 높임말이라고 배웠습니다. 그런데 알고 있어도 막상 어떻게 쓰는지는 미국에서 살기 전까지 잘 알지 못했습니다. 귀로 들으면 알아도 내 것으로 만들지 못해 안 쓰는 표현 중 하나였죠.

왜냐하면 교과서에서 설명하는 *sir*와 *ma'am*은 왠지 극존칭 같은 느낌이 들어서 '썼다가 괜히 오버하는 거 아닐까?' 이런 생각 때문에 부담스러웠어요.
그런데 이게 높임말은 맞지만, 생각보다 캐주얼한 단어였습니다.

영국에서는 작위를 가진 사람을 ~경이라고 부를 때 sir를 사용하고 좀 딱딱한 느낌이 있지만, 미국 일상생활에서는 그렇지 않아요. 군대에서는 Yes, sir! 이라고 기합을 넣은 대답을 하긴 합니다.

Sir와 ma'am은 보통 처음 보는 사람에게 예의를 갖출 때 씁니다. 모르는 사람이 저에게 '실례합니다…'라고 말을 걸었는데

 **Excuse me, ma'am.**

실례합니다 (여성 분).

라고 하더라고요. 가게에서 어떤 물건을 찾을 때 직원의 도움이 필요하면 직원이 여자일 때는 ma'am, 남자일 때는 sir라고 불러도 됩니다. 처음 가는 장소에서 모르는 사람에게 길을 물어볼 때, 어떤 곳에서 도움을 청하거나 공손한 태도를 보이고 싶을 때도 사용할 수 있습니다.

# 이렇게 씁니다!

① 도움을 청할 때는 예의를 갖추면 좋겠죠?

**Would you be able to help me, ma'am?**

(여자 분) 저 좀 도와줄 수 있으세요?

② 모르는 사람에게 예의를 갖춰서 나쁠 건 없죠.

**Sir, you dropped your wallet.**

(남자 분) 지갑을 흘리셨네요.

③ 가게 직원에게 예의를 차리면 더 잘 도와줄지도 모릅니다.

**Excuse me, ma'am. I'm looking for~**

실례합니다 (여성 분). 저는 ~을 찾고 있는데요.

# 049

# 고유명사인 사람 이름 뒤에
# 왜 s를 붙일까?

'영어에는 셀 수 있는 명사와 셀 수 없는 명사가 있고, 셀 수 있는 명사 뒤에만 s가 붙는다, 고유 명사는 대문자로 시작하고 셀 수 없기 때문에 s를 붙이지 않는다' 라고 학교 영어 시간에 배웠습니다.

그런데 미국에 와보니까 고유명사라고 생각했던 것들에 s를 붙이는 경우가 있더라고요. 그 대표적인 예가 사람 이름이었어요.

## The Obamas
오바마들(?)

오바마 전 대통령이 여러 명도 아니고, 이건 무슨 조화람?

한국에서는 사람을 부를 때 선생님, 부장님 등의 호칭을 사용하거나, '향진 씨' 이렇게 이름을 부릅니다. 하지만 미국에서는 호칭만으로 사람을 부르는 일이 드물어요. 서로 아는 사이인데 호칭만 부르면 '내 이름을 아직도 기억 못 해?'라면서 섭섭해할 수도 있습니다.

그런데 미국에서는 이름을 부를 때 정말 친한 사이거나 캐주얼한 관계가 아니면 성을 부릅니다. *Ms Cho* 이런 식으로요.

그 성을 가진 사람은 저뿐만이 아니라 저희 엄마, 아빠, 동생도 있죠. 그래서 *s*를 붙이는 게 가능해요. 다만 *Chos*라고 하면 불특정 다수의 조 씨가 되어버리기 때문에 특정 명사를 지칭하는 관사인 *the*를 붙여서 *the Chos*라고 하면 조 씨네 가족이라는 뜻이 됩니다.

**The Obamas.**

오바마 전 대통령네 가족

# 이렇게 씁니다!

① 가족끼리 어울릴 일이 있으면 번거롭게 이름을 다 말하지 않고 묶어서 표현할 수 있겠죠.

**We are going to Disney this weekend with the Kims.**
이번 주말에 김 씨네랑 디즈니월드에 갈 거야.

② 특정 가족에 대해서 말할 때도 편리합니다.

**The Smiths are the sweetest people ever.**
스미스 씨네 가족 사람들은 정말 정말 친절해.

③ 카다시안 가족이 미국에서는 유명하죠.

**The Kardashians are on TV again.**
카다시안 사람들이 TV에 또 나왔네.

산전수전 다 겪고 알려주는 진저의 실전 미국 영어

# 050 | 잘 아는 사람에게 뜬금없이 "Who are you?"라고 묻는 이유

미국인들은 농담을 즐겨합니다. 특히 서로를 놀리는 농담을 많이 하는데요, 저는 처음 미국에 이민을 왔을 때 이런 문화를 잘 이해하지 못해서 마음의 상처를 자주 받았어요. 그런데 알고 보니 친근감의 표시였습니다.

저는 가정주부이지만 솔직히 말하면 깔끔하게 정리정돈을 잘 못합니다. 집을 꾸미는 것에도 크게 관심이 없고요. 딱 필요한 정도만 합니다. 그런데 어느 날 삘 받아서 평소보다 깔끔을 떨었더니 퇴근 후 남편이

**Who are you?**
너 누구니?

라고 하는 거예요.

'응? 나 당신 부인이지 누구긴 누구야. 내가 잘 속는 거 알고 이번에는 또 어떻게 놀려먹으려고?'라는 생각이 바로 들었습니다.

어떤 사람이 평소와 완전히 다른 행동을 하면 '무슨 바람이 불어서 저런 행동을 하지?'
라고 생각합니다. 그런데 미국에서는 '너 같은 사람 맞아?' 이런 식으로 놀려요.

## ▶ Who are you and what have you done with my wife?

우리 부인, 무슨 바람이 분 거야?

누군가가 평소와 완전히 다른 (긍정적인) 행동을 할 때 심심치 않게 들을 수 있는 표현
입니다. 영화나 드라마에서도 종종 나옵니다. 너무나 평범한 단어와 문장으로 이루어
져 있기 때문에 직역 하면 그 안에 숨어 있는 뉘앙스를 모르고 넘어가기 쉽습니다.
기분 나쁘게 비꼬는 어감이 아니라 친한 사이에서 가볍게 놀리는 느낌입니다.

# 이렇게 씁니다!

① 제 딸아이는 밥투정이 엄청 심해서 제가 뭘 만들어주면 제대로 먹은 적이 거의 없습니다. 그런데 무슨 바람이 불어서 맛있게 잘 먹는다면

**Who are you and what have you done with my daughter?**
우리 딸, 무슨 바람이 불어서 이렇게 잘 먹지?

② 공부를 죽어라 안 하던 아들이 어느 날 갑자기 책상에 '열공 모드'로 앉아 있다면 부모님이 깜짝 놀라서 이렇게 말하겠죠.

**Who are you and what have you done with my son?**
우리 아들 무슨 바람이 불어서 이렇게 공부를 하지?

③ 그런데 *what have you done with*가 아니라 실수로 *what have you done to*라고 말해버리면 진짜로 무슨 짓을 했냐는 무시무시한 뜻이 되어버리니 조심하세요.

**Who are you and what have you done to my wife?**
당신 누구야? 내 아내에게 무슨 짓을 한 거지? (스릴러나 공포 영화의 장면에 나올 법한 대사)

# 늦는 것도
# 패션이다?

미국인들은 파티를 좋아합니다. 앞서 언급했다시피 파티라고 해서 꼭 한국인들이 생각하는 그런 거창한 행사가 아니고, 집에 친구들을 초대해서 재미있게 노는 것도 파티에 포함됩니다. 크건 작건 파티라고 부르면 그냥 파티가 되는 것이죠.

파티가 저녁 8시에 시작된다고 하면 일찍 와서 주최자를 도와주는 사람도 있을 거고, 제시간에 나타나는 사람, 늦게 어슬렁어슬렁 오는 사람 등, 손님들은 제각각의 모습으로 파티에 참여합니다.

하루는 남편과 함께 파티에 초대받아서 시간에 맞춰서 가자고 했더니, 그게 쿨하지 못하다는 겁니다. 저는 시간 약속을 잘 지키는 편이고 남편도 그러한데, 쿨하지 못하다니 '대체 이 사람이 무슨 소리를 하는 건가' 머릿속에 물음표가 떠올랐습니다.

친구들과 파티를 하러 클럽에 간다고 상상해봅시다. 클럽이 밤 10시에 여는데 문 여는 시간에 땡 맞춰서 가면 어떻게 될까요? 휑하겠죠? 영업을 시작하고 시간이 좀 지나야 사람들이 슬슬 나타나서 클럽에 활기가 더해지기 시작합니다. 분위기가 그렇게 되어야 재미있게 놀 수 있고요.

그래서 시간에 딱 맞춰서 가지 않고, 일부러 조금 늦게 나타나는 것을 *fashionably late*이라고 합니다. 너무 일찍 가면 없어 보인다고 생각하는 사람도 있어요. 물론 저는 그런 것에 별 신경을 쓰지 않아 제시간에 맞춰서 갑니다. 사람이 북적거리면 정신이 없는데, 몇 사람 없을 때는 대충 눈에 띄는 사람에게 다가가서 말을 걸기가 더 편하거든요.

① 파티가 시작되면 정해진 시간보다 늦게 나타나는 사람이 많습니다.

**The party starts at 9pm, but people will arrive fashionably late**.

파티는 오후 9시에 시작이지만, 사람들이 늦게 나타날 것이다.

② 약속에 늦게 오는 사람을 묘사할 때도 쓸 수 있어요.

**She is always fashionably late.**

걔는 약속에 맨날 늦는다니까.

③ 법정에 설 때 조차도 늦게 오는 사람이 있습니다.

**Judges don't appreciate being fashionably late.**

재판관들은 사람들이 늦게 오는 것을 좋아하지 않는다.

# 052 | 미국 병원에서 의료진을 크게 오해할 뻔한 사연

*Practice*에는 *연습하다* 라는 뜻이 있다고 배웠습니다.

**Practice makes perfect.**
연습이 완벽을 만든다.

라는 속담이 잘 알려져 있으니까요. 그런데 이것 때문에 미국에 와서 사람을 크게 오해할 뻔한 일이 생긴 적이 있습니다.

몸이 불편해서 병원에 갔는데, 의사 선생님이 오지 않고 간호사가 저를 진찰하는 거예요. 그분이 *nurse practitioner*라고 자기를 소개했습니다. '*Practition*'*er*라는 말을 듣는 순간 '이 사람은 연습하는 간호사인가?' 라는 생각이 들었고, 의사도 만나지 못한 채 진찰을 마치고 나니 기분이 매우 찜찜했습니다. '내가 어리숙해 보여서 차별을 당한 건가?' 라는 생각까지 들었고요.

그런데 알고 보니 *practice*에는 *연습하다* 말고 다른 뜻도 있었어요.

*Practice*에는 **실행하다, 실천하다**라는 뜻이 있습니다. 그리고 *nurse practitioner*는 연습하는 간호사가 아니라 의사가 할 수 있는 진찰을 상당 부분 '실행'할 수 있는 **임상 간호사**라는 뜻입니다. 그래서 병원에 예약을 해도 상황에 따라서 *nurse practitioner*만 보고 오는 경우가 꽤 있어요. 한국에서는 병원에 가면 무조건 의사 선생님을 만나는데 말이죠. 하루는 이런 말을 들었어요.

## ▶ **We have a practicing doctor in this clinic.**

*Practice*의 또 다른 뜻을 몰랐다면 '이 병원에는 연습하는 의사가 있나?' 라고 오해했겠지만, *practicing doctor*가 **진찰을 할 수 있는 의사**라는 뜻이라는 걸 바로 알아차릴 수 있었습니다.

# 이렇게 씁니다!

① 임상 간호사는 환자를 진찰하기 위해 전문 교육을 많이 받습니다.

**A nurse practitioner is a registered nurse who has completed advanced nursing education.**
임상 간호사는 고급 간호사 교육을 마친 정식 간호사이다.

② 임상 간호사가 의사를 대신해서 진찰할 때도 많습니다.

**Nurse practitioners make decisions on their own after they examine patients.**
임상 간호사는 환자를 진찰한 후 스스로 판단을 내린다.

③ 간호사는 미국에서 유망 직업입니다. 임상 간호사 *nurse practitioner(NP)*는 정식 간호사인 *registered nurse(RN)*보다 더 높은 교육이 요구되지만, 그만큼 대우가 좋죠.

**I want to be a nurse practitioner.**
나는 임상 간호사가 되고 싶어.

# 053

# 조조 영화는 영어로
# early morning movie일까?

저는 한국에 살 때 학원 강사 일을 해서 오후부터 스케줄이 있었습니다. 그래서 아침 일찍 일어나 조조 영화를 보고, 점심을 먹은 뒤 출근 하는 날이 많았어요.

한국에서는 보통 오전 11시 전에 상영하는 영화는 조조 할인이 적용되어 착한 가격에 볼 수 있습니다. 그런데 미국 극장은 아침 일찍 열지 않아요. 보통 오전 11시 이후에 문을 엽니다. 전에 표를 미리 사놓으려고 극장에 들렀다가, 문이 닫혀 있어서 당황했던 적이 있습니다.

그래서 미국에는 아침 일찍 보는 조조 영화가 없습니다. 대신 비슷한 할인 제도는 있어요.

미국 극장에서는 어떤 영화의 그 날 첫 상영 회차의 표를 사면 할인을 받을 수 있습니다. 이걸 *matinee*라고 해요. 직역하면 *낮시간 상영*이라는 뜻입니다.

극장은 사람들이 퇴근한 후 저녁, 밤에 장사가 잘되기 때문에 사람들이 많이 안 오는 시간엔 할인을 해줘서 관객을 끌어모으려는 거죠. 시간대에 상관없이 첫 회 영화는 무조건 *matinee*이기 때문에, 상영이 막바지에 이르러서 회차가 별로 없는 영화는 늦은 오후에 *matinee*가 되기도 합니다. 제가 본 가장 늦은 *matinee* 영화는 오후 4시였어요. 대박이죠?

# 이렇게 씁니다!

① 저는 마티네 영화를 좋아합니다. 가격이 착하기 때문이죠.

**Most movie theaters have reduced ticket prices for matinees.**
대부분의 극장은 마티네 영화표를 할인 가격으로 판매한다.

② 운이 좋으면 늦은 오후에도 착한 가격으로 영화를 볼 수 있죠.

**I have a ticket for the matinee. It starts at 4 p.m.**
4시에 상영하는 마티네 영화표가 있어.

③ 마티네 영화 시간대에는 극장이 한산해서 좋습니다.

**I love matinee movies, because it's not so crowded.**
난 마티네 영화가 좋아. 극장이 북적대지 않거든.

산전수전 다 겪고 알려주는 진저의 실전 미국 영어

# 구어체인데 왜 문장을 끝낸 후 굳이 period(마침표)라고 말할까?

우리는 글을 쓸 때 문장을 마치고 마침표(*period*)를 찍습니다. 하지만 말을 할 때는 글 씨가 눈에 보이지 않기 때문에 굳이 마침표를 쓸 필요가 없지요.

그런데 미국에 살다 보니, 원어민들이 대화할 때 문장을 끝내고 가끔 *period*(마침표)라 고 말하더라고요. 마침표 전에 나온 문장에 오해의 소지가 있거나, 마침표를 찍지 않 으면 다른 뜻으로 해석될 여지가 있는 경우가 아니어서, 대체 '이렇게 마침표라고 말 하는 데는 어떤 의미가 있는 걸까' 궁금했던 적이 있습니다.

*Period*(마침표)는 문장이 끝났다는 뜻입니다. 말을 내뱉은 후 마침표를 찍어버리면 문장이 종결된 상태이기 때문에 비집고 들어갈 수가 없지요.

그래서 문장을 강조하고 싶을 때나 단호한 뉘앙스를 주고 싶을 때, 말을 끝낸 후 *Period*. 라고 합니다. 상대방이 귀찮게 굴 것 같아 단호박으로 대처해야 할 때 쓰기 좋은 표현이지요. 저는 단호한 사람이 아니기 때문에 자주 안씁니다. 하지만 사용하지 않더라도 알아두면, 이 단어를 들었을 때 상대방이 어떤 마음으로 이야기하는지 파악할 수 있겠죠.

# 이렇게 씁니다!

① 진짜 하기 싫은 일을 거절할 때 상대방에게 더 강한 감정을 전달할 수 있습니다.

**I'm not doing it. Period.**

안 한다니까. (단호박)

② 상대방이 더 이상 말을 물고 늘어지지 않도록 압박을 주는 데도 효과가 있습니다.

**I'm done talking. Period.**

난 할 말 다 했어. (더 이상 그에 대해서는 말하고 싶지 않아.)

③ 뭔가를 시킬 때도 단호한 어감을 줄 수 있습니다.

**I want this report without an error. Period.**

이 보고서에 실수가 없도록 하게. (진지&압박)

# 055

# Situation만 달랑 말하는 건
# 대체 무슨 시추에이션?

저는 히어로 드라마를 즐겨보는데 특히 이 장르에서 밥 먹듯이 쓰는 표현이 있습니다.

**We got a situation.**
상황이 있어.

다음에 무슨 상황이라고 설명이 있어야 할 것 같은데, 그 말 한마디만 듣고 동료들이
눈썹을 휘날리며 출동합니다. 이건 대체 무슨 시추에이션인 거지?

'*Situation*에 내가 모르는 다른 뜻이 있나?'라는 생각이 들어서 사전을 찾아봤지만, **상
황, 처지, 환경**이라는 뜻만 나올 뿐이었습니다.

*We got a situation*. 이라는 말을 듣고 동료들이 행동을 개시하면, 그들을 기다리고 있는 것은 그다지 좋지 못한 상황이었습니다. 계획했던 일이 꼬였거나, 동료가 위험에 처했거나 하는 식이었어요. 히어로물에는 사건 사고가 빠질 수 없기 때문에, 스토리 진행 순서상 당연할 수도 있지만요.

그런데 히어로물이 아닌 다른 드라마를 보다가 또다시 이 표현과 마주쳤습니다.

## ▶ We have a situation.

상황이 있어.

그리고 이어진 장면은 역시 안 좋은 상황이었습니다.

굳이 *bad*라는 표현을 쓰지 않고 원어민은 그냥 *We got (have) a situation*. 이렇게 말하더라고요.

# 이렇게 씁니다!

1 갑자기 안 좋은 상황이 생겨서 누구를 불러야 한다면

**You need to come here. We have a situation.**
당신이 여기로 와야 해요. 안 좋은 상황이 생겼어요.

2 장소와 함께 쓸 수도 있어요.

**We got a situation at the park.**
공원에서 안 좋은 일이 생겼어요.

3 상황이 안 좋은데 그게 어마어마할 경우는 이렇게 말할 수 있습니다.

**We got a major situation.**
엄청 안 좋은 상황이 있어요.

산전수전 다 겪고 알려주는 진저의 실전 미국 영어

# Agree to disagree는 동의한다는 걸까 동의하지 않는다는 걸까?

우리는 대화를 나누다 보면 상대방에게 동의할 때가 있고, 동의하지 않을 때가 있습니다. 동의할 때는 *agree*, 동의하지 않을 때는 *disagree*를 쓰면 되죠. 근데 이 두 단어가 한 문장에 나온다면 어떻게 될까요?

**We agree to disagree.**
우리는 동의한다, 동의하지 않는다…?

제가 이 문장을 처음 들었을 때 매우 혼란스러웠습니다. 대체 동의한다는 거야, 안 한다는 거야? 마음을 정하라고!

인생을 살다 보면 이분법적 사고로 나눠서 생각하거나 판단할 수 없는 일이 많습니다. 흑과 백의 사이인 회색도 있고, 아무리 노력을 해도 공통된 의견이나 동의를 이끌어내지 못하는 경우도 있습니다.

*Agree to disagree*는 그럴 때 요긴하게 쓸 수 있는 표현입니다.

직역을 하면 '동의하지 않는 것을 동의한다'인데 서로의 의견이 맞지 않아도 그걸 인정해준다는 뜻입니다.

 **We agree to disagree.**

의견이 서로 다른 걸 인정하겠어.

# 이렇게 씁니다!

① 의견이 대립하는 상황을 그만 끝내고 싶을 때

**We must agree to disagree on this point.**
이 의견에 관해서는 견해차를 인정해야 합니다.

② 서로 의견이 다른 것을 인정하는 미덕을 발휘하는 것도 좋죠.

**Let's agree to disagree.**
서로 동의하지 않더라도 인정하도록 하자.

③ 다름을 인정하면 싸움을 방지하는 데도 도움이 됩니다.

**I had to agree to disagree. I didn't want to fight.**
의견이 다르지만 인정해야 했어. 싸우고 싶지 않았거든.

# 미국에서 피클을 먹어보고
# 멘붕 온 사연

저는 오이 피클을 좋아합니다. 특히 피자나 파스타와 함께 먹으면 피클 특유의 새콤달콤한 맛이 느끼함을 잡아줘서 맛의 궁합이 잘 맞는다고 생각하거든요.

그런데 미국 식당에서는 피자와 파스타를 먹을 때 피클이 나오지 않습니다. 미국 친구에게 한국인들은 이렇게 먹는다고 이야기했더니 그 조합을 상상도 못 했다는 듯이 굉장히 이상하게 생각하더라고요.

어느 날 샌드위치를 시켰는데 길쭉한 피클이 함께 나왔습니다. '오, 이건 한국에서 못 본 신선한 조합인데?' 라고 생각하면서 피클을 한 입 베어 무는 순간 전 충격에 빠지고 말았습니다.

그 피클은 제가 알고 있던 새콤달콤한 맛이 아닌, 오이지 같은 느낌의 시고 짠 맛이었어요. 너무 놀라서 목으로 넘기지 못하고 뱉어내고 말았습니다. 우웩…

그런데 이후에 가는 가게마다 피클이 들어가는 음식이 있거나, 피클을 시킬 수 있는 곳에서는 다 짠맛의 피클이 나오는 겁니다. 그래서 '미국 피클은 이런 맛이구나' 라고 생각하게 되었습니다.

이런 문화 충격을 겪고 나서 요리에 조예가 깊은 시댁 식구 중 한 명에게 제 속내를 털어놓았더니, 웃으면서 이렇게 설명하더군요. 미국에서 일반적으로 '피클'이라 불리는 것은 *dill pickle*이라 식초와 소금으로 절여서 짠맛이 난다고 합니다. 한국에서 먹는 것처럼 달콤한 피클이 없는게 아니라, *bread and butter pickle*이라고 부르니까 슈퍼마켓에 가서 찾아보면 있을 거라고 했어요.

그래서 피클 코너에 가서 *bread and butter pickle*을 찾아봤더니 브랜드별로 종류가 몇 가지 있더라고요. 얼른 집어 와서 병을 열고 한 입 베어 무는 순간 전 고향의 맛을 느꼈습니다! 아아⋯ 바로 이 맛이야!

# 이렇게 씁니다!

① 피클이 저를 이렇게 기쁘게 만들 줄은 몰랐습니다.

**I got super excited when I found bread and butter pickles at a supermarket!**
슈퍼마켓에서 새콤달콤한 피클을 찾았을 때 정말 신났어요!

② 미국 식당에서 그냥 피클을 달라고 하면 짠맛의 dill pickle을 주니까 이렇게 물어보세요.

**Do you have bread and butter pickles?**
새콤달콤한 피클 있어요?

③ 저는 새콤달콤한 피클을 좋아하긴 하는데 건강을 생각해서 많이 먹지는 않아요.

**Bread and butter pickles have a lot of sugar.**
새콤달콤한 피클에는 설탕이 많이 들었다.

# 058 | 개인주의가 강하지만 한국보다 가족을 잘 챙기는 미국인들

동양권 문화는 가족, 집단, 사회가 중시되고, 서양에 개인을 존중하는 개인주의 문화가 발달되어 있다고 배웠습니다. 미국에 와보니까 실제로 그래요.

한국에서는 튀는 사람이 있으면 그 사람을 집단의 규격에 맞추려고 하지만, 미국에서는 튀는 사람을 개성 있다고 좋아하며 인정해줍니다.

한국에서는 주변 사람들 일까지 신경 쓰며 오지랖을 떠는 경우가 아직 많지만, 미국에서는 *personal space*라고 해서 개인 공간을 존중해주고, 남의 사생활에 간섭하는 것을 예의에 어긋나는 것으로 생각합니다. 그래서 명절에 가족들끼리 모여도 '취업은? 결혼은? 자녀 계획은?' 같은 개인적이고 가정사에 관한 질문이 거의 나오지 않습니다.

이렇게 개인을 존중해주는 문화이다 보니, 미국인들은 가족이라는 '집단'에 소홀할 거라고 생각하는 사람들이 있는데, 실제로는 정반대여서 깜짝 놀랐어요.

이런 말을 하기 부끄럽지만, 저는 가족이나 친구는 이미 내 곁에 있고, 언제나 나와 함께 있어줄 거라는 생각을 했던 적이 있습니다. 그래서 다른 사람들을 먼저 챙기다가 정작 소중한 사람들에게 소홀했던 적도 있고요. 물론 지금은 많이 달라졌습니다. 그런데 아직도 많은 사람들이 과거의 저처럼 생각하더라고요.

'(섭섭하게 대하거나 선을 넘더라도) 가까운 사이니까 이해해주겠지.'
'(일이 많고 바빠서 가족을 못 챙기더라도) 다 가족을 위해서 열심히 일하는 거야.'

미국에서는 가족과 함께하는 시간을 정말 귀중하게 여깁니다.
식당이나 가게 등 늦게까지 문을 여는 곳에서 일하지 않는 이상 웬만하면 오후 5~6시에 퇴근하여 저녁은 가족과 함께 보내고, 미국에서 가장 큰 명절인 추수감사절, 크리스마스 때는 대부분의 가게가 문을 닫습니다. 일보다는 가족과 함께 시간을 보내야 한다고 생각하기 때문입니다. 한국에서는 명절이 대목이기 때문에 가게들이 다 문을 여는데… 정말 큰 충격이었습니다.

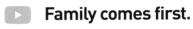 **Family comes first.**

가족이 먼저다.

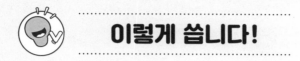

# 이렇게 씁니다!

① 소중한 사람일수록 더 잘 챙겨야 합니다. 특히 가족은요.

**Family comes first, I need to take care of them before anyone.**
다른 사람을 신경 쓰기 전에 가족을 제일 먼저 챙겨야지.

② 가족만큼 소중한 것은 없다고 봅니다.

**My family comes first. That will never change.**
내 가족이 제일 중요해. 그건 앞으로도 변함없을 거야.

③ 저는 책을 쓰면서 엄청 바빴는데, 그래도 가족과 시간을 보내려고 노력했어요.

**I have a lot of work to do, but family comes first.**
할 일이 엄청 많지만, 가족을 먼저 챙겨야지.

# 059

# 복수형인 clothes(옷)를 단수로 표현하는 방법

Clothes는 좀 특이한 단어라 학교 시험 문제에 자주 나왔던 걸로 기억합니다. 끝에 es가 붙어 있어서 옷을 통합해 부르는 복수 명사인데, es를 떼어버리고 cloth라고 쓰면 옷 하나가 아니라 '천'이라는 뜻이 되어버리니까요.

옷은 보통 위아래로 갖춰 입으니까 clothes라는 단어를 쓰는 걸 이해하는 데는 별 무리가 없었어요. 그런데 문득 '옷 하나는 영어로 어떻게 표현하지?' 라는 의문이 들었습니다.

어느 날 미국에서 세탁소에 가게 됐는데, 옷을 다루는 장소에서 *clothes*라는 단어는 눈 씻고 찾아봐도 없었습니다. 대신 *garment*라는 표현이 눈에 띄더라고요. 사전을 찾아보니 '의류'라는 뜻이고 단수형, 복수형 둘 다 사용 가능합니다. 주로 업계에서 쓰는 표현이라고 합니다.

사람들이 말하는 걸 들어보니까 *a piece of clothing*이라는 표현도 나오더라고요. 아하, 옷 하나는 *a garment* 혹은 *a piece of clothing*이라고 하면 되는구나! *Clothing*은 셀 수 없는 명사입니다. 그래서 *a piece of*와 함께 써서 개수를 표현합니다.

① 옷가게에 가면 흔히 볼 수 있는 풍경입니다.

**Every garment in this store has a price tag.**
이 가게에 있는 모든 의류에는 가격표가 붙어 있다.

② 명품 옷의 경우 가격이 상당하죠.

**A piece of clothing costs that much?**
옷 하나가 그렇게 비싸다고?

③ 세탁 방법도 까다롭고요.

**This garment needs to be dry-cleaned.**
이 의류는 드라이클리닝을 해야 한다.

# 060

# Two for one,
# 하나를 위한 둘?

미국 식당에서는 해피 아워(점심과 저녁 사이의 애매한 시간대) 때 이런저런 할인 메뉴를
제공하는 곳이 많습니다. 손님이 없는 시간대에 가게가 너무 썰렁해지지 않도록 하는
전략이겠죠.

어느 날 오후 4시쯤에 출출해져서 식당에 밥을 먹으러 갔는데, 메뉴판에 *two for one*
이라는 문구가 보였습니다. '하나를 위한 둘?' 직역했더니 말이 안 돼서 무슨 뜻일까
곰곰이 생각하다가 결국 직원에게 물어봤습니다.

한 개 가격에 두 개를 주는 거랍니다. 원 플러스 원이랑 똑같은 개념인데, 원 플러스 원은 콩글리시이고, 영어로는 *buy one get one (free)* 혹은 줄여서 *BOGO*라고 합니다. 저는 딱 그것까지만 알고 있었어요.

*Two for one*은 주로 식당에서 행사 할 때 쓰더라고요. 두 명이 와서 나눠 먹기에 딱 좋죠. 혼자 오지 말고 친구나 일행과 함께 오라고 이런 마케팅 전략을 쓰네요.
그때 물어봤던 메뉴는 마가리타 칵테일이어서 혼자 두 잔을 마실 자신이 없어 주문은 하지 않았습니다. 쓰읍…

# 이렇게 씁니다!

① 갑자기 식당에서 못 시켰던 마가리타 생각이 나네요.

**All our margaritas are two for one between 3-5pm.**
오후 3시에서 5시 사이에는 모든 마가리타가 1+1이에요.

② 저는 해피 아워를 좋아합니다.

**I love two for one menu during happy hours.**
난 해피 아워 때 나오는 1+1 메뉴가 너무 좋아.

③ 친구와 함께 가서 나눠 먹을 때는 이렇게 표현할 수 있어요.

**Let's order two for one beer and split them.**
1+1 맥주를 주문해서 나눠 마시자.

교과서에 안 나오는
쿨한 슬랭

# 061

# 새를 주는 게
# 왜 모욕인데?

어느 날 드라마를 보고 있는데 어떤 사람이 누가 자기에게 새를 줬다면서 아주 기분 나빠하는 장면이 나왔습니다.

**He gave me the bird!**
그가 나에게 새를 줬어!

음… 무슨 종류의 새를 줬길래 저렇게 난리를 치지? 못생긴 새? 더러운 새? 죽은 새? 아무튼 좋지 않은 의미인 건 확실했습니다. 그래서 장면을 멈추고 미국인 남편에게 무슨 뜻인지 물어봤어요. 설명을 듣고 난 후에 상상도 못 했던 의미인 걸 알고 전 웃음을 터트렸답니다.

**A: I can't believe he did this to me.**

나한테 그런 행동을 하다니 말도 안 돼.

**B: What happened between you and him just before?**

너랑 걔랑 조금 전에 무슨 일이 있었는데?

**A: He gave me the bird!**

(걔가 나에게 새를 줬어!)

**B: What bird? Why are you so upset?**

무슨 새? 왜 그렇게 열을 내?

*Give someone the bird*는 새를 주는 게 *아니라 가운뎃손가락을 날리다*라는 뜻이라고 합니다. 받은 사람이 열을 낼 만도 하죠?

## ▶ He gave me the bird!

걔가 나한테 가운뎃손가락을 내밀었어!

*Bird* 대신에 *finger*를 써서 *give someone the finger*라고 할 수도 있어요. 이건 뜻을 유추하기 어렵지 않죠?

*Flip the bird*라는 표현도 자주 씁니다.

# 이렇게 씁니다!

① 누군가가 나에게 가운뎃손가락을 내밀었는데 그 이유를 모르겠다면 물어볼 수 있겠죠.

**Why are you giving me the bird?**
왜 나한테 가운뎃손가락을 내미는 건데?

② 모욕을 당했다면 가운뎃손가락을 쓰고 싶겠지만 미국에서는 참아주세요. 운이 없으면 총이나 칼을 맞을 수도 있습니다.

**I wanted to give him the bird, but I didn't want to cause trouble.**
그놈한테 가운뎃손가락을 내밀고 싶었지만, 문제를 일으키고 싶지 않았어.

③ 스포츠 경기를 보다가 관중들이 빡치면 야유를 던지면서 선수를 향해 가운뎃손가락을 날리는 경우가 있습니다.

**The crowd gave the player the bird, the team lost because of him.**
관중들이 그 선수에게 가운뎃손가락을 날렸다. 그 선수 때문에 팀이 졌기 때문이다.

# 062

# 한국말 어감과 찰떡같이
# 맞아 떨어지는 슬랭

제가 영국 영어에 한창 빠져있을 때 BBC 팟캐스트를 매일 열심히 들었는데 거기에 슬랭을 알려주는 코너가 있었어요. (찾아보니 안타깝게도 지금은 없어진 것 같습니다.)

모든 내용이 흥미진진했지만, 어느 날 정말 한국말 어감과 찰떡같이 맞아떨어지는 표현을 들었습니다. 프로그램은 짧은 대화를 들려준 후, '이 상황에서 과연 이 표현은 무슨 뜻일까요?'라는 퀴즈 형식으로 진행되었는데

**She went ballistic.**

그녀는 탄도학으로 갔다?

뜻을 몰랐던 저는 당연히 틀렸습니다. 히히.

**A: I told her that I had to cancel the big event this weekend.**

이번 주말에 있을 큰 행사를 취소해야 한다고 그녀에게 말했어.

**B: So, how did it go?**

그래서 어떻게 됐어?

**A: She went ballistic.**

(그녀가 탄도학으로 갔지.)

**B: She shot a gun or something?**

총이라도 쏜 거야?

**A: ??**

*Go* 다음에 형용사가 나오면 그 형용사가 뜻하는 상태로 간다, 그러니까 *~게 된다*는 뜻입니다.

*Ballistic*은 직역하면 '탄도학의'라는 뜻인데 총알이나 포탄이 나갈 때 엄청난 소리 및 속도가 나고 파괴력이 상당하죠. 속도가 빠른 (성질이 급한) 사람이 엄청 화가 나면 소리를 지르거나 뒷감당이 힘들어질 정도의 파괴력(?)이 생기기도 합니다.

그래서 *go ballistic* 하면 **엄청나게 화가 나다**, 그러니까 **빡치다**라는 뜻이 됩니다.

 **She went ballistic.**

그녀가 빡쳤다.

*Very upset*, *angry* 혹은 *furious*라고 할 수도 있겠지만 *go ballistic*의 어감이 정말 찰떡인 것 같습니다.

영국 팟캐스트에서 들었지만, 미국에서도 씁니다.

① 어느 날 주차장에 차를 세우고 볼일을 보러 갔다 왔는데 문이 찌그러져 있는 거예요. 주차 공간이 넓은 미국에서 재수 없게 '문콕'을 당한 거죠.

**I went ballistic when I saw the dent in my car.**
내 차가 찌그러진 걸 보고 빡쳤다.

② '이 이야기를 하면 상대방이 화내겠지? 할까? 말까? 에라 모르겠다 해보자!'라는 생각을 하고 말을 했는데, 상대방이 역시나 빡쳤습니다.

**He went ballistic when I told him about the accident.**
사고에 대해서 털어놓자 그가 빡쳤다.

③ 아이가 시험을 못 보면 부모가 빡칠 수도 있죠.

**My mom went ballistic because I ruined the test.**
내가 시험을 망쳐서 엄마가 빡쳤다.

# 063

# 인터넷을 하다가
# 갑자기 눈에서 피가 난다니?

예전에 유튜브 영상을 만들면서 영상에 쓸 이미지를 찾다가 눈에서 피가 나오는 그림을 보게 되었습니다. 그런데 그 이미지는 피가 나오는 무시무시한 느낌이 아니라 뭔가 코믹한 느낌을 풍기고 있었어요.

**My eyes are bleeding.**
내 눈에서 피가 나고 있어.

해당 이미지에 쓰여 있던 문장입니다. 대체 무슨 일을 당하면 눈에서 피가 나오는 걸까? 궁금해서 치트키인 미국인 남편에게 물어봤습니다.

**A: Have you seen the image that everyone's been talking about on the internet?**
요새 사람들이 다 이야기하는 그 그림 인터넷에서 봤어?

**B: Nope, have you?**
아니, 넌?

**A: Yep, I am looking at it on my phone and my eyes are bleeding.**
응, 지금 폰으로 보고 있는데 (눈에서 피난다.)

**B: What? Your eyes are not bleeding.**
뭐야. 너 눈에서 피 안 나잖아.

눈에서 피가 난다면 어떨까요? 매우 고통스럽겠죠?

그래서 *my eyes are bleeding* 하면 **못 볼 것을 봐서 눈이 고통스럽다**는 뜻이 됩니다.

슬랭이니까 한국말의 어떤 표현과 어감이 어울릴까 고민을 해보니

## ▶ My eyes are bleeding.

눈이 썩는다.

가 적절할 것 같습니다.

직역해서 말이 되는 상황이면 '눈에 피가 난다'라고 해석해도 됩니다.

# 이렇게 씁니다!

① 마트의 특성상 다양한 사람들이 이용하는 곳이라 그런지, 미국 월마트에 가면 괴상한(?) 옷을 입은 사람들을 볼 수 있습니다. 오죽하면 **월마션 *Walmartian***이라는 표현까지 생겼을까요. 남의 옷차림을 지적하고 싶진 않지만, 심각한 경우엔 이렇게 표현할 수 있겠죠.

**Did you see what he was wearing? My eyes are bleeding**
저 사람이 입은 옷 봤어? 눈이 썩는 것 같다.

② 친구들끼리 서로 놀리려고 괴상한 영상이 담긴 유튜브 링크를 보내줄 때가 있는데, 열어보자마자 '헉 뭐지…'라는 생각이 들 때가 있어요.

**What the… My eyes are bleeding!**
헐, 눈이 썩을 것 같아.

③ 게임을 할 때 이상한 캐릭터가 나오거나, 상황이 눈 뜨고 보기에 처참할 경우에도 쓸 수 있어요.

**My eyes! My eyes are bleeding.**
악 내 눈! 눈이 썩는다.

# 064

# 맥주만 잡으면 천하무적이 되는 미국인들

전에 페이스북에 미국인 친구가 어떤 이미지를 올린 걸 봤습니다.
마을이 훤히 보이는 엄청 높은 언덕에 자전거를 세워놓고 *Hold my beer.*라고 써넣은
그림이었는데, 저는 보고 별 느낌이 없었지만 다른 사람들은 재밌다면서 '좋아요,' '웃
김' 이모티콘을 남기고 난리가 났더라고요.

**Hold my beer.**
내 맥주 좀 들어봐.

이게 뭐가 웃기지? 제가 모르는 미국의 문화 개그가 분명했습니다.

**A: Did you see what he just did?**

　　너 방금 저 사람이 뭐 했는지 봤어?

**B: Yeah. He was riding a unicycle while juggling 3 balls.**

　　응. 외발자전거를 타면서 공 3개를 저글링 했잖아.

**A: That's crazy.**

　　엄청나지.

**B: I can do that too. Hold my beer.**

　　나도 그거 할 수 있어. (내 맥주 좀 들어봐.)

**A: You don't have beer in your hand.**

　　너 손에 맥주 안 들고 있는데.

혹시 술 마시고 영어 해본 적 있으세요? 제가 호주에 가서 영어를 못 할 때 자주 써먹었던 방법인데, 술을 적당히 마시면 긴장이 살짝 풀어져서 영어가 더 잘됩니다. 너무 많이 마시면 즐겁게 대화하는 대신 꼬장을 부리거나 민폐를 끼치게 될 수도 있으니 살짝 기분 좋을 정도의 양이 좋습니다.

술을 적당히 마시면 이렇게 자신감(?)이 올라갑니다. 술기운을 빌려서 이성에게 고백하는 사람들도 있죠. (별로 좋은 방법은 아닙니다.) 적당량을 초과해서 마시게 되면 자신감이 '객기'로 변하기도 합니다. 본인이 천하무적이 된 것 같고, 겁이 없어지죠. (보통은 다음날 이불킥을 하게 됩니다.)

그래서 *Hold my beer.* 하면 술을 마시다가 객기를 부릴 때 '그까이꺼 나도 할 수 있어. 내가 마시고 있던 맥주 좀 들어봐' 이런 뜻으로 해석할 수 있습니다. 할 수 없는 일인데 술기운 때문에 괜히 그러는 거죠.

술을 마시지 않을 때도 쓸 수 있습니다. 원어민이 애용하는 농담 중 하나입니다.

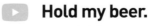 **Hold my beer.**

그까짓거.

# 이렇게 씁니다!

① 누군가가 객기를 부립니다.

**I'm going to do what I just saw from a YouTube video. Hold my beer.**
내가 방금 유튜브 영상에서 본 걸 따라 할 거야. 그까짓 거.

② 이럴 경우 보통 주변 친구들이 말립니다.

**You don't think I can do that? Hold my beer.**
내가 못 할 거 같아? 그까짓 거.

③ 누군가가 *Hold my beer.*라고 말하는 건 좋은 상황이 아닙니다.

**When you hear "Hold my beer," things are about to go down.**
누가 "그까짓 거"라고 말한다면 상황이 안 좋게 흘러갈 징조이다.

# 065

# 왜 시도 때도 없이
# 썰라고 할까?

저는 한국에 살 때 영어 강사를 한 덕분에 원어민 강사들과 자주 어울려 다녔어요. 주말에 바에 가서 맥주를 마시며 함께 수다를 떨었고, 그들의 친구들을 소개받아서 다양한 나라 사람들과 어울릴 기회가 있었습니다.

그중에 영국 친구가 한 명 있었는데

**Chop chop.**
썰어 썰어.

라는 표현을 밥 먹듯이 쓰더라고요. 그 친구는 바에서, 집에서, 일터에서 등등 아주 시도 때도 없이 그 말을 했습니다.

**A: You look pretty stressed.**
　　너 엄청 스트레스 받고 있는 것처럼 보인다.

**B: I have to finish this by 3pm today.**
　　이거 오늘 오후 3시까지 끝내야 되거든.

**A: Chop chop.**
　　(썰어 썰어.)

**B: Chop what?**
　　뭘 썰어?

저는 모르는 표현이 나오면 잘 물어보는 편이지만 타이밍을 놓칠 때도 있고, 시간이 지나면 물어보는 것을 깜빡할 때도 있습니다. 그렇더라도 특정 인물이 어떤 표현을 자주 쓰면 무슨 뜻인지 조금씩 감을 잡게 되지요.

*Chop chop*은 **빨리빨리**라는 뜻입니다. 중국식 영어에서 유래된 표현이라고 해요. 19세기 중반에 중국에 갔던 영국 선원들 덕분에 퍼지게 되었다고 합니다. '빨리빨리'라고 말할 때 *hurry*보다 좀 더 말하기 쉽고 입에 착 붙지 않나요? 어감도 더 잘 사는 것 같습니다.

# 이렇게 씁니다!

① 아침에 아이를 깨울 때

**Rise and Shine. Chop chop.**
아침이야 일어나. 얼른.

② 얼른 해야 할 일이 있을 때

**We have work to do. Chop chop.**
할 일이 있어. 얼른.

③ 서두르라고 말할 때도 가벼운 느낌으로 써보세요.

**Come on. We will be late. Chop chop.**
나 참, 우리 늦겠다. 서둘러.

산전수전 다 겪고 알려주는 진저의 실전 미국 영어

# Salty, 짜다니
# 어떤 기분일까?

솔직히 말씀드리면 저는 슬랭을 꿰고 있는 사람은 아닙니다. 그래도 나이에 상관없이 사람들이 밥 먹듯이 쓰는 것들은 돌고 돌아 제 귀에 들어오게 마련이라 그런 식으로 슬랭을 익히곤 합니다.

그리고 제 나이가 30대 후반이다 보니 10대·20대들과는 상대적으로 대화를 나눌 기회가 적어서 저보다 젊은 세대가 쓰는 표현은 생소하기도 합니다. 한국에서 '급식체'나 '인터넷체'를 잘 모르는 사람이 많은 것처럼요.

*Salty* 하면 '짜다'라는 뜻만 알고 있었는데 어느 날 10대 학생이 '*Why are you salty with me?*'라고 메시지를 보내는 걸 봤어요.

짜다니? 혹시 돈 얘기하는 건가?

**A: What's on your mind?**

무슨 생각해?

**B: Nothing. I'm fine.**

아무것도 아냐. 괜찮아.

**A: Why are you salty with me?**

(너 왜 나한테 짜게 대하는 건데?)

**B: Salty? I bought you an expensive gift recently.**

짜다고? 최근에 내가 비싼 선물 사줬잖아.

한국에서는 어떤 사람이 짜다고 하면 '짠돌이, 짠순이, 인심이 짜다' 등, 뭔가를 지나치게 아끼는 이미지를 떠올립니다. 그래서 저는 *salty*를 처음 들었을 때 그 사람이 짜다는 뜻인 줄 알았어요. 근데 알고 보니 이 단어는 *upset*과 비슷한 의미였습니다.

음식을 먹었을 때 맛이 너무 짜면 기분이 좋지 않고, 그 음식을 먹고 싶은 마음보다는 멀리하고 싶은 마음이 커지지요. 마찬가지로 사람도 *salty* 하면 기분이 좋지 않고, 가까이 있고 싶지 않은 마음이 들 겁니다.

## ▶ Why are you salty with me?

왜 나한테 삐쳤어?

## 이렇게 씁니다!

① 원하는 대로 안 되면 기분이 좀 그렇죠.

**He was so salty after he didn't get what he wanted.**

그는 원하는 것을 얻지 못하자 기분이 많이 상했다.

② 하지만 그건 자연스러운 감정입니다.

**Everyone can be salty once in a while.**

사람은 가끔 화를 낼 수도 있다.

③ 성격상 자주 그러는 사람이 있기도 하고요.

**She gets salty over small things.**

그녀는 사소한 일을 가지고 속상해한다.

## 067 | 미국인이 주차 공간을 찾을 때 욕을 하는 이유

어느 날 남편과 차를 타고 어떤 장소에 도착해서 주차 공간을 찾는데 차들이 빽빽하게 들어차 있었어요. 한참을 빙빙 돌다가 겨우 주차할 곳을 찾았는데 거의 주차장 끝부분에 있는 자리였습니다.

**We ended up parking in Bum Fuck Egypt.**
결국 범 *fuck* 이집트에 주차 했네.

차를 대고 남편이 이렇게 말하길래, '걸어가기 귀찮은 건 알지만 *fuck*이라고 욕을 하는건 좀…'이라고 생각했습니다.

**A: This is a nice event.**

멋진 이벤트야.

**B: I have been wanting to come here for a long time.**

난 오랫동안 여기에 와보고 싶었어.

**A: Me too. But it was hard to find a parking spot.**

나도. 근데 주차 공간을 찾기가 힘들더라.

**B: Yeah, we ended up parking in Bum Fuck Egypt.**

응. (결국 범 *fuck* 이집트에 주차를 했어.)

**A: I understand your frustration, but you don't have to say the F word…**

네 불만은 이해하지만, *F*가 들어가는 욕을 할 것까진 없잖아…

214  산전수전 다 겪고 알려주는 진저의 실전 미국 영어

미국은 땅이 넓어서 대중교통이 잘 발달한 뉴욕 같은 도시가 아니면 차가 있어야 합니다. 제가 사는 곳은 시골이 아니라 도시인데도 버스가 달랑 한 시간에 한 대씩 다니고 길에서 택시를 찾아보기 힘듭니다. 그렇다 보니 웬만한 곳은 주차장이 잘 구비되어 있고 대형 쇼핑몰 같은 곳은 주차장의 크기가 어마어마해요.

한국인들은 대중교통을 타거나 걸어 다니는 것에 익숙해서 주차 장소가 목적지에서 좀 떨어진 곳에 있어도 '주차 장소를 찾은 게 어디야. 좀 걷고 말지'라고 생각합니다. 하지만 미국인은 어디든 차를 타고 다니는 데 익숙해져 있어서 평소에 걸을 일이 별로 없기에, 주차를 멀리하고 걸어가는 것을 아주 싫어합니다.

## ▶ We ended up parking in Bum Fuck Egypt.

결국 엄청 외딴곳에 주차를 하게 됐어.

저희 남편은 평소에 욕을 자주 하는 사람이 아니라, 그날 *Bum Fuck Egypt*라고 말하는 걸 듣고 깜짝 놀라서 그게 무슨 뜻인지 바로 물어봤어요. *In the middle of nowhere*, 아무도 모르는 완전 외딴곳이라는 의미라고 답하더라고요.
*Bum Fuck*이라는 곳은 아무도 들어본 적 없는 장소인 데다, 이집트가 지구 어느 구석에 붙어있는지 모르는 미국인도 상당히 많습니다. 그렇기 때문에 *Bum Fuck Egypt*는 이집트의 '범 퍽'이라는 장소, 그러니까 *듣도 보도 못한 외딴곳*이라는 뜻이 됩니다.

① 주차할 때 말고도 외딴곳을 지칭할 때 쓸 수 있습니다.

**I drove all the way out to Bum Fuck Egypt to find this place.**
이 장소를 찾으려고 엄청 외딴곳까지 운전해서 왔다.

② 줄임말인 B(um) F(uck) E(gypt)도 많이 씁니다.

**She lives way out in BFE.**
그녀는 정말 외딴곳에 살고 있다.

③ Egypt 대신에 미국의 주 이름을 붙여서 쓰기도 하고요.

**He was born in Bum Fuck, Florida.**
그는 플로리다의 외딴 장소에서 태어났다.

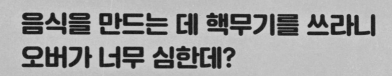

# 068

# 음식을 만드는 데 핵무기를 쓰라니 오버가 너무 심한데?

저는 음식에 관심이 많고 맛있는 음식을 먹는 것을 좋아합니다. 하지만 안타깝게도 요리하는 것에는 별로 관심이 없습니다. 귀차니즘이 심해서 손이 많이 가는 음식은 거의 안 만들고, 전자레인지, 오븐, 에어프라이어 등 간편 요리를 만들 수 있는 조리 기구를 선호해요. 어느 날 밤, 배가 너무 고픈데 음식을 하기는 귀찮고, 냉장고를 열어보니 먹다 남은 식어빠진 음식이 눈에 띄었습니다. 그걸 본 남편이

**Just nuke it.**

핵무기로 공격해.

라고 말하는 거예요. 문맥으로 봐서는 분명 뭘 사용해서 데우라는 것 같은데…

**A: I'm hungry.**

배고프다.

**B: Why don't you open the fridge and look?**

냉장고 열어서 안에 뭐가 있는지 보는 게 어때?

**A: I found cold pasta.**

식어버린 파스타가 있네.

**B: Just nuke it.**

(핵무기로 공격해.)

**A: What kind of joke is this?**

무슨 농담을 하는 거야?

음식하기 귀찮은 사람이 꼭 가지고 있어야 하는 조리 기구가 있습니다. 바로 전자레인지입니다. 편의점이나 마트에 가서 조리된 음식을 사 와서 데우기만 하면, 한 끼를 뚝딱 완성할 수 있으니까요.

전자레인지에 음식을 넣고 돌리면 마이크로파가 나와서 차가운 음식을 따뜻하게 데워줍니다. 핵무기가 터지면 엄청난 열과 에너지 파동이 나오는 것에 빗대어 원어민은 *nuke*를 *음식을 전자렌지에 데우다*라는 뜻으로 씁니다.

 **Just nuke it.**

그냥 전자레인지에 데워.

# 이렇게 씁니다!

① 채소는 볶으면 조리하는 데 시간이 오래 걸리지만, 전자레인지에 넣고 돌리면 금방 익지요.

**Nuke those vegetables for 5 minutes. It's a lot quicker.**
채소를 5분 동안 전자레인지에 돌려. 훨씬 빨리 익어.

② 식은 음식을 조리하는 데도 그만입니다.

**When your food is cold, just nuke it.**
음식이 차가우면 그냥 전자레인지에 돌려.

③ 음식을 준비하기 귀찮을 때도 편리하지요.

**I will get something from a convenience store and nuke it.**
편의점에서 뭐 사서 데워 먹어야겠어.

# 069

# 하키 스틱이 두 개 모이면 욕이 된다?

아무리 점잖은 사람이라도 가끔은 욕을 하거나 비속어를 쓰고 싶을 때가 있습니다. 하지만 직접적으로 말하면 표현이 너무 쎄기도 하고, 혹시라도 어린아이가 옆에서 듣게 된다면 교육적으로도 좋지 않죠. 그래서 사람들은 욕을 돌려서 말하는 방법을 많이 씁니다. 한국말의 '개나리 십장생'처럼 *Dang it*. *(Damn it.)* 혹은 *Oh, fudge*. *(Oh, fuck.)* 이렇게 소리가 비슷한 단어로 대체를 많이 하지만, 가끔은 상상력을 발휘해야 이해할 수 있는 것들도 있습니다.

**H-e double hockey sticks.**

*H e* 하키 스틱 두 개.

대체 무슨 뜻일까요?

A: **What are those?**

그거 뭐야?

B: **Sandra gave me these.**

산드라가 줬어.

A: **What the h-e double hockey sticks?**

(뭐, 하키 스틱 두 개?)

B: **What are you talking about? These are not hockey sticks.**

뭔 소리야? 이거 하키 스틱 아닌데.

하키 스틱은 직선으로 생겼죠. 이걸 세로로 세우면 *L* 소문자와 비슷한 모양이 됩니다. 그래서 *h-e* 다음에 *l* 이 두 개 나오면 *hell*이라는 단어가 됩니다. 그래서 *hell*을 돌려서 말하고 싶을 때 사용할 수 있어요. *H*와 *E*는 알파벳으로 읽고, 추가로 '더블 하키 스틱' 이라고 하면 됩니다.

*Hell*이 들어가는 자리에 쓸 수 있습니다.

## What the h-e double hockey sticks?

헐. 대체 뭐야? (*What the hell*을 돌려서 말하기)

## 이렇게 씁니다!

① 욕을 할 때도 써요.

**Go to h-e double hockey sticks.**
지옥에나 떨어져라.

② 뭘 물어볼 때도 씁니다. 하지만 *hell*이 들어가면 어감이 세지므로 누가 그렇게 말하면 이해하는 용도로만 쓰세요.

**What the h-e double hockey sticks is going on?**
도대체 무슨 일이 벌어지고 있는 거야?

③ 일상생활에서 권장되는 표현은 아닙니다.

**H-e double hockey sticks is a curse word.**
Hell은 욕이다.

# 미국인이 맨날 엉덩이가 아프다고 하는 이유

제 친구 중에는 예민한 사람이 한 명 있어요. 인간적으로는 너무너무 좋은데 남들이 볼 때는 별것 아닌 걸 가지고 기분 상해하는 일이 있더라고요. 물론 그 예민함이 친구와 어울리지 못할 정도로 거슬리는 것은 아닙니다. 그걸 커버할 만큼의 장점과 매력이 있기 때문에 저희는 잘 지내는 거죠.

어느 날 친구들끼리 만나기 위해 날짜와 장소를 정하는 단체 대화창을 열었는데, 이야기가 오가던 중 갑자기 그 친구의 기분이 별로 좋지 않아 보였어요. 그러자 다른 한 명이 저에게 개인적으로 *He's butthurt.*라고 문자를 보냈습니다.

대화창에서 엉덩이에 관한 내용이 전혀 나오지 않았기에 엉덩이가 아니라 그 친구의 기분에 관한 단어인 것 같은데, 대체 무슨 뜻일까 아리송해졌습니다.

**A: I didn't do anything.**

나 아무 짓도 안 했어.

**B: But he seems a little...**

근데 쟤 좀…

**A: He's butthurt.**

(엉덩이가 아프지.)

**B: What happened to his butt?**

걔 엉덩이에 무슨 일이 생겼는데?

**A: ...**

저는 *butthurt*라는 단어를 그때 처음 들어봤어요. 그래서

## What do you mean?
무슨 뜻이야?

라고 답장을 보냈더니 '사소한 일로 기분 상해한다는 뜻'이라고 친구가 설명해줬습니다. 형용사입니다.

왜 그런 뜻이 됐을까 조사를 좀 해봤더니 *spanking*, 어린이가 잘못을 했을 때 엉덩이를 때리는 체벌에서 비롯되었다고 합니다. 엉덩이를 맞고 나면 기분이 상하고 아프잖아요. 어린이들이 별것 아닌 걸 가지고 오버하면서 화를 내고 삐치기도 하니까 그 모습에서 *butthurt*라는 표현이 나왔다고 하네요.
그런데 미국에서는 자기 자식이라도 엉덩이를 함부로 때리면 안 됩니다. 잘못하면 아동학대 혐의를 받을 수도 있습니다.

# 이렇게 씁니다!

① 사람들이 모인 곳에서는 말을 조심해야 합니다.

**There are a lot of butthurt people in this room.**
이 방에는 기분이 상한 사람들이 많이 있다.

② 자기 뜻대로 안 되면 기분이 상할 수도 있죠.

**She got butthurt when she didn't get what she wanted.**
원하는 것을 얻지 못하자 그녀는 기분이 상했다.

③ 농담은 조심해서 해야 합니다.

**It's just a joke. Don't get butthurt.**
그냥 농담이라니까. 기분 상해 하지 마.

# 071

# 사람을 유령 취급하는 미국인이 그렇게 많다고?

저는 공연 보는 걸 좋아합니다. 미국인들은 낯선 사람에게도 말을 잘 걸기 때문에 혼자 공연 장에 가도 옆 사람에게 인사하면서 말을 트고, 잠깐 친구가 되기도 합니다. 이 날도 말이 잘 통하는 옆 사람을 만나 신나게 같이 공연을 보고 나오는데, 갑자기 그 사람 얼굴이 하얘지면 서 얼어버리는 거예요. 왜 그러냐고 물어봤더니 이렇게 대답했어요.

**I just saw Emily. She ghosted me a few months ago.**
방금 에밀리를 봤어. 몇 달 전에 날 유령 취급을 했거든.

에밀리라는 사람을 만난 적은 없지만, 과거에 그다지 매너가 좋지 못한 행동을 했다는 건 알 수 있었어요. 하지만 유령 취급을 했다고 해서 얼굴이 하얘지고 얼어버릴 정도까 진 아닌 것 같은데… 그 사람은 뭔가 못 볼 걸 봤다는 듯 굉장히 놀란 얼굴이었거든요.

**A: Good to see you. How are you?**
만나서 반가워. 어떻게 지내?

**B: Good. I ran into Emily yesterday. How are you guys doing?**
잘 지내지. 어제 에밀리랑 마주쳤는데. 너네 어떻게 지내?

**A: She ghosted me a few months ago.**
(걔 몇 달 전에 날 유령 취급했어.)

**B: She treated you like a ghost? Is this some kind bullying?**
너를 유령처럼 대했다고? 왕따 같은 거야?

**A: …?**

*Ghost*는 사전을 찾아보면 명사로는 **유령**, 동사로는 **대필하다**라고 나오지만, 슬랭으로는 '유령처럼 홀연히 사라지다'라는 뜻이 있습니다. 특히 남녀 관계가 소원해지거나 꼬였을 때, 그만 만나자고 말하는 걸 회피한 채 연락을 끊고 자취를 감출 때 자주 쓰입니다. 명사로는 *ghosting*이라고 하는데 이것 때문에 상처받았다는 사람들이 꽤 있어요.

## She ghosted me a few months ago.

그녀가 몇 달 전에 연락을 끊고 사라졌어.

이야기를 들어보니 에밀리와는 바에서 만나서 사귀는 사이까지 발전하게 됐는데, 어느 날 그녀가 연락을 끊고 사라졌다고 합니다. 그런데 공연장에서 우연히 보게 되었으니 얼어버릴 수밖에요. 그 사람이 에밀리에게 다짜고짜 가서 왜 그랬냐고 따질 줄 알고 좀 조마조마했는데, 다행히도 과거의 일이라면서 잠깐 기분 상해하고 넘기더라고요.

# 이렇게 씁니다!

① 솔직히 ghosting은 인간적으로 할 짓이 아니라고 생각합니다.

**He was shocked and hurt so much when she ghosted him.**

그녀가 홀연히 사라져서 그는 충격과 상처를 받았다.

② 그렇지만 나름의 이유가 있어서 그럴 수도 있죠.

**I'm going to ghost him. Because I don't ever want to see him again.**

걔 앞에서 사라질 거야. 다신 보기 싫거든.

③ 납치되거나 사고를 당해서 행방불명된 게 아니라면, 안 보겠다고 말이라도 해주는 게 매너라고 생각합니다.

**Ghosting someone is not nice.**

갑자기 사라지는 건 좋지 못한 행동이다.

# 072

# Smonday, 스먼데이는
# 무슨 요일일까?

많은 사람이 평일 근무를 합니다. 그리고 주말에는 달콤한 휴식의 시간을 갖지요. 저희 남편도 마찬가지인데 (저는 주말에 일 할 때도 많습니다. 흑⋯) 어느 날 이런 말을 하더라고요.

**It's Smonday. I don't want to go back to work.**
스먼데이야. 일하러 가기 싫다.

스⋯먼데이? 일하러 가기 싫은 마음은 이해하지만, 그날은 분명 월요일이 아니었는데 당최 무슨 뜻이람?

**A: This weekend is almost over.**
　이번 주말이 끝나간다.

**B: What's wrong?**
　무슨 일이야?

**A: It's Smonday. I don't want to go back to work.**
　스먼데이야. 일하러 가기 싫다.

**B: What the heck is Smonday?**
　스먼데이가 대체 뭔 뜻이여?

일주일 동안의 근무가 끝난 후 금요일 저녁부터 시작되는 주말은 즐겁지만, 월요일에 출근할 생각을 하면 마음이 무거워지는 사람들이 있습니다. 오죽하면 '월요병'이라는 말이 있을까요.

직장에 꾸역꾸역 다니고는 있지만 회사 생활이 지옥 같거나, 월요일에 큰 프로젝트나 발표 같은 부담스러운 일이 있다면, 그 전날부터 슬슬 마음이 무거워지고 걱정이 되기 시작하겠죠.

그래서 일요일부터 월요병이 시작되는 것 같은 느낌이 들 때 *Smonday*라고 합니다. *Sunday*와 *Monday*의 합성어입니다.

## ▶ It's Smonday.

스먼데이야. (일요일인데 월요일 같은 기분이야.)

① 일요일부터 다음날 출근이 걱정된다면 끔찍할 것 같습니다.

**I hate Smonday.**

난 스먼데이가 싫어.

② 3일 연휴가 있다면 스먼데이같은 기분이 사라질까요?

**I have next Monday off. No Smonday this weekend!**

다음 주 월요일에 쉬어. 이번 주는 스먼데이가 없겠구나!

③ 자기 일을 사랑하는 사람이면 월요일이 오는 게 두렵지 않겠죠. (저처럼요. 히히)

**Sunday never feels like Smonday to me.**

난 일요일을 스먼데이처럼 느껴본 적이 없어.

# 073

# Bite me,
# 정말로 물어도 돼?

저는 호주에서 영어 회화를 배웠는데, 그때는 진짜 왕초보였습니다. 말을 제대로 하지
못한 것은 물론이거니와, 잘 알아듣지 못하는 경우도 많았어요. 특히 직역하면 이상해
지는 표현을 접할 때마다 어리둥절해지곤 했습니다. 어느 날 수족관을 관람하러 갔는데
기념품 코너에 귀엽게 이빨을 드러낸 상어 모양의 냉장고 자석을 봤습니다.

**Bite me.**

날 물어.

라고 쓰여 있었어요. 상어는 날카로운 이빨로 물어뜯으면서 사냥을 하니까 그러려니
했습니다.

그런데 이 표현을 본 순간부터 이상하게도 사람들이 *Bite me.*라고 말하는 게 자주 들
리기 시작하더라고요. 아니, 상어는 그렇다고 쳐도 사람이 왜 그런 말을…?

## A: I will do whatever I feel like.

난 내 맘대로 할 거야.

## B: You shouldn't really do that.

그러면 안 돼.

## A: Bite me.

(날 물어.)

## B: I don't want to bite you. I'm not savage.

물기 싫은데. 나 야만인 아니야.

상어와 함께 *Bite me.*를 봤을 때는 말 그대로 물라는 뜻인 줄 알았고, 사람이 쓸 때는 나름 상상력을 발휘해서 '날 물어봐! 덤벼' 이런 뜻일 거라고 생각했어요.

그런데 알고 보니 '맘에 안 들면 날 물어보든가' 이런 어감이더라고요. 상대방이 나의 의견에 동의하지 않을 때 '냅둬, 배 째, 꺼져' 이런 의미로 쓰는 표현입니다.

 **Bite me.**

어쩌라고.

# 이렇게 씁니다!

① 무례할 수 있는 표현이라 되도록 안 쓰는 게 좋습니다.

**"Bite me," is not a nice thing to say.**
*Bite me.*는 좋은 말이 아니다.

② 꼭 필요하다면 써야겠지만요.

**I told him to bite me, because he was bugging me.**
그가 나를 귀찮게 해서 날 내버려 두라고 말했다.

③ 그리고 그런 말을 가끔 들어도 쿨하게 넘길 수 있어야죠.

**She told me to bite me, so I left her alone.**
그녀가 나에게 꺼지라고 해서 그녀를 그냥 내버려 뒀다.

# 074 | 시도 때도 없이 응가가
# 튀어나온다는 미국인들

미국인은 *shit*이라는 말을 즐겨 씁니다. '똥, 쌍 시옷, 거지 같아' 등 아주 다양한 뜻을
가지고 있어서 입이 좀 거친 사람은 이 말을 밥 먹듯이 쓰더라고요.
어느 날 친구를 놀래키려고 뒤에서 몰래 다가가 어깨를 살짝 쳤는데

**You scared the shit out of me!**
너 나에게서 똥이 나오게 겁나게 했어!

라고 말하는 거예요. 설마 너무 놀라서 바지에 응가를 지린 건 아니지?

**A: How do you like my Halloween costume?**
　　내 할로윈 의상 어때?

**B: You scared the shit out of me!**
　　(너 나에게서 똥이 나오게 겁나게 했어!)

**A: You shit your pants?**
　　너 바지에 응가 쌌니?

**B: No.**
　　아니.

평소에 원어민들이 하는 말을 주의 깊게 듣다 보니 사람들이 동사 뒤에 *the shit out of*라는 표현을 자주 붙여서 쓴다는 것을 발견했습니다. 직역하면 ~에게서 똥이 나올 정도로인데 앞에 나온 동사를 강조할 때 많이 사용합니다.

 ## You scared the shit out of me!

너 나 진짜 겁나게 했어!

하지만 *shit*이 어감이 센 단어이기 때문에 *crap*이라는 말을 대신 쓰기도 합니다. 이 역시 똥이라는 뜻이고 속어지만 어감이 상대적으로 약합니다.

**You scared the crap out of me!**

너 나 진짜 겁나게 했어!

① 때리다는 표현과 함께 쓰는 것을 자주 들어봤습니다.

**He beat the shit out of that guy.**
그는 그 남자를 흠씬 두들겨 팼다.

② 화가 날 때 베개를 힘껏 차면 기분이 좀 나아지기도 하죠.

**She kicked the crap out of the pillow, because she was upset.**
그녀는 화가 나서 베개를 미친 듯이 발로 찼다.

③ 하루 종일 굶은 사람에게 피자를 준다면 아마도 이렇게 먹지 않을까요?

**He devoured the shit of that huge pizza.**
그는 큰 피자를 엄청 게걸스럽게 먹어 치웠다.

# 075

# Hump day는
# 무슨 날일까?

미국인은 요일에 별명을 붙이는 걸 좋아합니다. 소리가 비슷한 단어를 붙여서 *taco Tuesday* 타코 튜즈데이, 혹은 감정을 담아서 *TGI Friday* (*Thank God It's Friday.*) '드디어 금요일이다!' 이런 식으로요. 그런데 요일 이름이 안 들어간 별명도 있습니다.

**It's hump day.**
험프 데이야.

저는 처음 이 말을 들었을 때 음란 마귀가 끼어서 야한 뜻인 줄 알았습니다. *Hump*가 낙타의 혹 말고 또 무슨 뜻이 있냐고요? 그건 19금 표현을 다루는 마지막 챕터에서 알려드릴게요. 히히.

**A: Are you busy today?**
오늘 바쁘니?

**B: I don't know. Is this Tuesday?**
모르겠어. 오늘 화요일이니?

**A: It's hump day.**
험프 데이인데.

**B: What? Are we going to see camels today or something?**
뭐? 오늘 낙타라도 보러가는 거야?

**A: …?**

*Hump*는 **낙타의 혹, 톡 솟아오른 곳**이라는 뜻이 있습니다. 그래서 *hump day*를 직역하면 **톡 솟아오른 날**인데, 주말을 제외한 평일 정중앙에 끼어있는 수요일을 *hump day*라고 부르더라고요.

월요일은 일주일의 시작이라는 부담감 때문에 월요병을 겪고 스트레스 레벨이 올라가는데, 수요일쯤 되면 한 주의 반이 끝나가니까 마음이 좀 안정되기 시작합니다. 월요일부터 올라갔던 스트레스 레벨 그래프가 수요일을 기점으로 한풀 꺾이는 느낌을 상상하시면 될 것 같아요.

## ▶ It's hump day.

수요일이야.

#HumpDay

# 이렇게 씁니다!

① 수요일에는 이렇게 인사를 하기도 합니다.

**Happy hump day!**
즐거운 수요일이에요!

② 수요일이 되면 주말 생각부터 하는 사람도 있습니다.

**After hump day, the weekend gets closer.**
수요일이 끝나면 주말이 가까워진다.

③ 여러분은 수요일을 좋아하나요?

**I love hump day.**
난 수요일이 좋아.

# 076

# 바지 지퍼가 분명 닫혀 있는데 자꾸 닫으라고 하는 이유

제가 영어 강사를 본격적으로 시작하기 전, 학원에서 교수법 트레이닝을 받은 적이 있어요. 원장님 수업에 들어가서 참관하고, 팁을 얻어서 제가 가르치는 학생들에게 적용해보곤 했죠. 그때 원장 선생님이 자주 쓰던 말이 있었어요.

**Zip it.**
지퍼 닫아.

*Zip*에는 *지퍼를 닫다*라는 뜻이 있어서 처음에는 제 바지에 지퍼가 열렸나 싶어 얼른 살폈지만, 바지는 멀쩡했습니다. 수업 시간에 몇 번씩이고 *Zip it.*이라는 말을 해서 이게 무슨 뜻일까 눈치를 살폈습니다.

**A: Do you really expect me to believe that?**
　내가 그 말을 믿을 거라 기대하는 거야?

**B: But it's true, it wasn't my…**
　그치만 사실인걸. 그건 내…

**A: Zip it.**
　(지퍼 닫아.)

**B: What are you talking about? My zippers are fine.**
　뭔 소리야. 내 지퍼 멀쩡하거든?

원장님의 수업을 가만히 보니, 떠드는 학생들을 향해서 *Zip it.*이라고 하더라고요. 그러면 그 학생은 입을 다물고 조용해졌다가 잠시 후에 다시 떠들기 시작하거나, 다른 학생이 바통을 이어받아 떠들곤 했습니다.

지퍼는 열린 것을 닫을 때 씁니다. 그리고 두 개가 맞물려야 닫을 수가 있죠. 사람의 입도 마찬가지입니다. 윗입술과 아랫입술이 만나야 입이 다물어집니다. 그래서 누군가가 떠들 때, 혹은 그 말이 듣기 싫을 때 '입 좀 다물어'라는 의미로 *Zip it.*을 씁니다.

'닥쳐'라고 하고 싶을 때 *Shut up.*이라고 하지 마시고 *Zip it.*을 써보세요. 의미는 비슷하지만 어감이 더 약해서 *shut up*만큼 기분 나쁜 표현은 아닙니다.

# 이렇게 씁니다!

① 누군가의 말이 더 이상 듣기 싫으면 솔직히 말해야겠죠.

**I don't want to hear it any more. Zip it.**
더이상 듣고 싶지 않아. 입 다물어.

② 수업 시간에는 떠들면 안 되겠죠.

**Zip it and focus.**
입 좀 다물고 집중해.

③ 그렇지만 아무리 말해도 효과가 없기도 합니다.

**The teacher asked the class to zip it, but it didn't work.**
선생님이 학생들에게 조용히 하라고 했는데 효과가 없었다.

# 077

# 미국 남자는 모두 총을 가지고 있다?

한국에서 영어 강사를 하던 시절에 친구들과 바에서 술을 마시고 있는데

**Look at his guns.**

그 남자의 총을 봐.

라는 말이 들려왔습니다. 헉, 여긴 한국인데 바에 총을 가지고 와서 대놓고 보여주는 사람이 있나? 좀 무섭긴 했지만 신기해서 눈을 돌렸는데, 눈을 씻고 봐도 총은 눈에 띄지 않았습니다.

아니 이 사람들이 대체 뭔 소리를 하는거? 그런데 원어민들은 자기들끼리 *to the gun show* 막 이러면서 낄낄대고 웃는 거예요.

A: **He's so handsome.**

저 남자 진짜 잘생겼다.

B: **Look at his guns.**

저 남자의 총을 봐.

A: **Guns? I don't see them.**

총? 안 보이는데.

B: **Oh, you took it literally. (Laugh)**

아, 단어 그대로 해석했구나. (웃음)

알고 보니 *guns*는 *(근육질의)* 팔이라는 뜻 이라고 합니다. 팔은 두 개니까 단수형이 아닌 *guns*라고 복수형으로 쓰는 거고요. 우람한 팔의 모양새를 보면 총보다는 대포에 가까울 것 같은데…

그리고 *to the gun show*는 코미디 영화 <앵커맨>에 나오는 대사라고 합니다. 주인공이

## The only way to bag a classy lady is to give her two tickets to the gun show.
멋진 여자를 꼬시는 방법은 건쇼에 가는 티켓 두 장을 선물하는 거야.

라고 말하면서 이두박근이 두드러지게 팔을 들어 올리는 장면이 있거든요. 팔 근육이 멋있으면 여자가 반한다, 뭐 이런 의미인 것 같은데 그 장면이 어이없고 웃기다 보니 원어민들 사이에서 회자되곤 합니다.

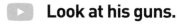 **Look at his guns.**
그 남자 팔뚝 좀 봐.

# 이렇게 씁니다!

① 팔뚝이 거대하면 아무래도 위협적인 느낌이 들죠.

**I don't want to fight him. He has huge guns.**
나 저 남자랑 싸우기 싫어. 팔뚝이 어마어마하잖아.

② 팔뚝이 어마어마하면 팔씨름도 잘하겠죠?

**He beats every single person at arm wrestling with his guns.**
그의 팔은 팔씨름에서 모든 사람을 이긴다.

③ 팔뚝이 너무 크면 부담스럽지만 적당하면 멋있는 것 같습니다.

**I love his guns.**
그 남자 팔뚝 너무 (보기) 좋다.

# 078 | 몸을 너무 쉽게 내주는
# 미국인들

특정 장르 영화를 보면 자주 듣게 되는 대사가 있습니다.

**Do you want a piece of me?**
너 내 몸의 한 조각을 원해?

직역하면 음란 마귀스러운 (저만 그런가요?) 의미인 것 같지만 로맨스나 성인 영화가 아닌 액션 영화에서 자주 들을 수 있는 표현입니다.
저는 이 말을 처음 들었을 때, '미국은 한국보다 성적으로 개방적이어서 저런 표현도 쓰나보다'라고 심각하게 오해를 했어요.

**A: What did you say?**
　　너 뭐라고 했어?

**B: Hey, calm down.**
　　이봐, 진정해.

**A: Do you want a piece of me?**
　　(너 내 몸의 한 조각을 원해?)

**B: No. You are not my type at all.**
　　아니. 너 내 타입 전혀 아닌데.

**A: What the …**
　　헐…

*A piece of me*는 *나의 몸 일부분*이라는 뜻입니다. 근데 이게 야한 의미가 아니라 '나의 몸 일부분으로 맞아볼래? 나랑 싸울래?' 이런 뜻이더라고요.

## ▶ Do you want a piece of me?

너 나랑 붙어볼래?

.

시비를 거는 행동이므로 누가 이렇게 말한다면 어리둥절해하지 마시고 자리를 피하세요. 그리고 객기로라도 절대 싸움을 걸면 안 됩니다. 미국에서는 총기 소유가 합법이고, 칼 등의 무기를 가지고 다니는 사람도 꽤 있어서 재수 없으면 목숨을 잃거나 중상을 입을 수도 있습니다.

① 별것 아닌 것 가지고 시비를 거는 사람 너무 싫어요.

**You got a problem? Do you want a piece of me?**
뭐가 문젠데? 나랑 붙어볼래?

② 남을 도발하는 것은 좋은 생각이 아닙니다.

**Come on. You want a piece of me?**
자, 나랑 붙어보자.

③ 재수 없는 상황에 걸리지 않도록 말과 행동을 조심합시다.

**You just made a bad choice. Want a piece of me?**
너 방금 잘못 걸렸다. 나랑 붙어보자는 거야?

# 079

# Fire, 옷에 불이라도
# 붙은 거니?

저는 스타들의 영어 인터뷰를 자주 봅니다. 대부분은 유튜브 영상을 만들기 위한 자료 조사 때문이지만, 좋아하는 스타의 영상이 뜨거나 외부의 요청이 들어와서 해당 스타의 인터뷰를 볼 때도 있습니다. 그런데 그 스타가 매력이 터지는 경우, 자료 조사가 '덕질'로 이어지게 됩니다.

어느 날 모 스타의 인터뷰를 보고 있는데 *fire*라는 말이 나왔습니다.

**These pants are fire.**

이 바지는 불이야.


불…? 바지 색깔 때문인가? 그 사람이 빨간색 바지를 입고 있었거든요.

**A: Hey, how is it going?**

안녕, 잘 지내니?

**B: I like your style today.**

오늘 스타일 좋은데.

**A: These pants are fire.**

(이 바지는 불이야.)

**B: Your pants are on fire?**

바지에 불이 붙었다고?

**A: …?**

슬랭 사전을 찾아보니 *fire*는 ***정말 멋지다***라는 뜻을 가지고 있었어요. 어원을 찾아봤지만 그럴듯한 설명이 나오지 않아서 쉽게 기억하기 위해 이렇게 생각하기로 했습니다.

불 쇼는 멋있으니까 *fire*는 ***멋지다***라는 뜻.
이렇게 상상력을 발휘해서 이미지를 연상하면 단어의 뜻을 기억하기 더 쉽습니다. 아귀가 잘 맞거나 특이할수록 머릿속에 오래 남는 것 같습니다.

## ▶ These pants are fire.

이 바지는 정말 멋져.

# 이렇게 씁니다!

① 멋진 노래를 들었다면

**Oh my gosh, this song is fire.**
와, 이 노래 진짜 멋있다.

② 지나가다가 멋진 물건을 봤다면

**Look at that bag, it's fire. I want one.**
저 가방 좀 봐. 진짜 멋지네. 갖고 싶다.

③ 당연히 사람에게도 쓸 수 있지요.

**Dang, that girl is looking fire.**
와, 저 여자 엄청 멋져 보인다.

# 080

# 미국에서는 배심원 조작이 자주 일어난다?

미국에는 배심원 제도가 굉장히 발달되어 있습니다. 할리우드 영화나 드라마에서도 일반인이 법정에 배심원으로 등장하는 이야기를 종종 볼 수 있지요.

시민권을 가진 사람이면 누구나 배심원이 될 수 있고, 랜덤으로 선택되어 연락이 갑니다. 저는 영주권을 가지고 있어서 해당 사항이 없지만, 전에 남편이 연락을 받고 법정에 간 적이 있는데 정말 신기하더라고요.

그러던 중 어느 날 *jury rig*라는 표현을 들었습니다. 단어 그대로 생각하면 *jury 배심원 rig 조작하다*니까…

'헐… 미국에서도 뇌물 수수나 부정부패가 흔하게 일어나는 건가?'라는 생각이 들었죠.

**A: Look at what I did!**

내가 뭘 했는지 봐!

**B: How did you fix it?**

어떻게 고쳤어?

**A: I jury rigged it.**

(내가 그 배심원을 조작했지.)

**B: What? You must have a lot of money or power.**

뭐? 너 돈이나 권력이 많나보구나.

**A: Not at all.**

전혀 아닌데.

진저쌤의 TIP

어느 날 물건이 망가졌는데 남편이 뚝딱뚝딱하더니 고친 거예요. '대단하다!'라고 칭찬해줬더니

'*I jury rigged it.*' 이라고 말하더라고요. 무슨 뜻이냐고 물어봤더니 ***임시방편으로 고쳐놓은 것***이라고 합니다.

*Jury* 배심원은 법률에 관해 전문적인 지식을 가진 사람이 아니죠. *Rig*에는 ***조작하다*** 말고 ***설치하다***라는 뜻도 있습니다. 그러니까 '비전문가가 설치하다' -> '비전문가가 고치다' -> '임시방편으로 고쳐놓다'가 되는 거예요.

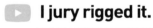 **I jury rigged it.**

내가 임시방편으로 고쳐놨어.

# 이렇게 씁니다!

① 미국에서는 전문 수리공을 부르면 비싸니까 무언가 고장 났을 때, 집에서 뚝딱 고치는 경우가 많습니다.

**My father jury rigged a cable, so we can watch TV.**
우리가 TV를 볼 수 있게 아빠가 케이블을 대략 고쳐놨다.

② 저는 어느 날 도로에서 깨진 자동차 창문을 비닐봉지로 막아놓은 충격적인 광경을 봤습니다.

**The broken glass was jury rigged with plastic bags and tape.**
깨진 유리창을 비닐봉지랑 테이프로 막아놨더라.

③ 사실 마음만 먹으면 간단한 것은 아무나 할 수 있죠.

**The hanger was broken. I jury rigged it. It's working now.**
행거가 망가져서 대충 고쳐봤어. 이제 쓸 수 있어.

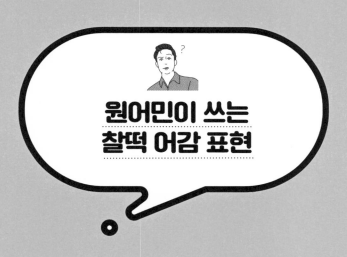

원어민이 쓰는
찰떡 어감 표현

# 081

# 스스로 잘하는 사람에게
# alone이라고 했더니 찌질해진 이유

살다 보면 어떤 일을 혼자서 하게 될 때가 있습니다. 혼자 살기도 하고, 혼밥을 하기도 하도, 영어를 독학하기도 하고, 여행을 혼자 다니기도 하지요. 이럴 때 *alone*이라는 단어를 쓰는 분을 많이 봤습니다. 사전을 찾으면 '혼자'라고 나오니까 엄밀히 말하면 틀린 건 아닙니다.

**I did it alone.**
혼자 했어요.

하지만 원어민은 이 문장을 어떤 느낌으로 이해할까요?

저는 혼자서 이것저것 잘합니다. 유튜브를 하니까 사람들 앞에 나서서 관심받는 걸 좋아할 것 같지만, 사실 저는 내성적이고 조용한 성격이에요. 그래서 혼자 뭘 해도 외롭다는 생각이 들지 않습니다. 하지만 반대로 혼자 있는 것을 질색하는 사람도 있죠.

문장의 주어가 되는 사람이 어떻게 느끼느냐에 따라 표현도 달라져야 합니다.

*Lonely*를 생각해보세요. 외롭다는 뜻이죠? 그래서 어떤 일을 혼자 한다고 할 때 *alone*을 쓰면 쓸쓸한 느낌이 듭니다.

뭔가를 혼자 해내서 뿌듯한 마음으로 가득 차 있는데 *alone*을 써버리면 부정적인 분위기가 됩니다. 이럴 때는 *on one's own*을 써보세요. 혼자이긴 하지만 스스로, 독립적으로 한다는 어감을 가지고 있어요.

① 혼자여도 괜찮아요.

**I did it on my own.**
스스로 해냈어요.

② 요즘 유튜브나 책으로 영어 독학하는 분들 많죠?

**She studies English on her own.**
그녀는 영어를 독학한다.

③ 혼자 여행을 다니면 사진 찍을 때 좀 불편하긴 해도 훨씬 자유롭습니다.

**I like traveling on my own.**
저는 혼자 여행하는 게 좋아요.

# 082

# 술에 취하는 것, drunk 말고 다양한 단계가 있다

한국에 살 때 원어민 친구들과 한국인 친구들이 함께 어울려서 술을 마시러 가면 밥 먹듯이 듣는 표현이 있었습니다. 바로 *drunk*입니다.

**I'm so drunk.**
나 완전 술 취했어.

그런데 *drunk* 이전의 알딸딸하거나 *drunk* 이후의 몸을 가누기 힘들 정도로 뻗어버린 상태를 표현하려면 어떻게 말해야 할까요?

제가 단계별로 쓸 수 있는 표현 몇 가지를 알려드릴게요.

술이 한두 잔 들어가서 알딸딸하고 기분 좋은 상태는 *buzzed*라고 합니다.
*Buzz*에는 **윙윙거리다, 활기가 넘치다**라는 뜻이 있는데, 술을 마시면 평소에는 조용하던 사람도 벌이 윙윙거리며 날아다니는 것처럼 활기 있는 태도를 보여주며 수다스러워지는 일이 많죠.

여기서 술을 더 마시면 *tipsy*, 살짝 취한 상태가 됩니다.
*Tip*에는 **뾰족한 끝부분**이라는 뜻이 있는데, 테이블에 팔꿈치(나름 뾰족한 끝부분)를 대어 턱을 괴고 있다가 취해서 살짝 미끄러지며 '*Oopsy*, 앗'이라는 소리가 나오는 모습을 상상해보는 겁니다. 웁시 팁시. 이 정도는 애교로 봐줄 수 있죠.

다음 단계는 술 취한 *drunk*이고, 여기서 멈추지 않고 계속 마시면 '인간쓰레기' 같은 *wasted* 상태가 됩니다. 몸을 제대로 가누지 못해서 혼자 집에 보낼 수 없으니 주변 사람들이 피곤해지지요.

# 이렇게 씁니다!

① 술을 마셔서 살짝 기분이 좋은 상태라면

**I'm buzzed.**
알딸딸한데.

② 술을 마실 때는 완급 조절이 중요합니다.

**She seems tipsy. Maybe she needs to drink some water.**
저 여자 술기운 좀 오른 것 같은데 물을 마실 필요가 있을 것 같아.

③ 술은 즐겁게 마시고 주변 사람에게 민폐는 끼치지 맙시다.

**He was totally wasted, so we had to carry him home.**
걔 술 마시고 완전 뻗어서 우리가 집에까지 들어다 날랐다니까.

# 083

# 어떻게 자랑하느냐,
# 그것이 문제로다

대단한 일을 해냈거나 멋진 물건을 가지게 되었을 때 우리는 자랑하거나 과시하고 싶은 마음이 생깁니다.

이럴 때 자랑하다, *show off*라는 표현을 많이 쓰죠?

**He was showing off his English skills in the class.**

그는 수업 시간에 영어 실력을 뽐냈다.

*Show*에는 ***보여주다***라는 뜻이 있기 때문에 눈으로 볼 수 있는 능력, 재산, 물건 등을 자랑할 때 이 표현을 사용할 수 있습니다.

그럼 말로만 자랑할 때는 어떤 표현을 써야 할까요?

그럴 때는 *brag*를 쓰면 됩니다.

페라리를 끌고 와서 과시하는 것은 *show off*, 페라리가 있다고 말로만 자랑하는 것은 *brag*입니다.

*Show off* 하는 것은 상황에 따라 긍정적으로도, 부정적으로도 해석될 수 있지만, *brag*는 보통 부정적인 뉘앙스를 풍깁니다.

증거가 눈앞에 있으면 자랑하는 사람이 좀 재수가 없더라도 인정을 해야 하지만, 말만 무성하다면 '뻥치고 있네', '입만 살았군'이라며 그 사람을 깎아내리기 쉽죠.

① 미국 남자들은 얼마나 큰 물고기를 잡았는지 자랑하곤 합니다.

**My friend bragged about a huge fish he caught over the weekend.**
내 친구가 지난 주말에 잡은 엄청 큰 물고기에 대해 자랑을 늘어놨다.

② 가진 게 많아도 자랑하지 않는 사람이 더 실속 있어 보입니다.

**She doesn't like to brag about her wealth even though she owns a mansion.**
그녀는 대저택을 소유하고 있음에도 불구하고 부를 자랑하는 것을 좋아하지 않는다.

③ 저는 예전에 해외여행 다닌 경험을 자랑스럽게 늘어놓곤 했습니다.

**I used to brag about how many countries I had been to.**
난 예전에 몇 개 국가에 여행을 가봤는지 자랑을 늘어놓곤 했다.

# 084

# 피곤하면
# 무조건 tired?

저는 시도 때도 없이 하품합니다. 그럼 사람들이 지금이 몇 시인데 벌써 하품을 하냐고 놀립니다. 하지만 피곤한 걸 어쩌겠어요. 육아와 일을 병행하는 엄마는 체력이 후달립니다. 항상 에너지가 넘치는 아이들을 보면 부럽습니다.

피곤할 때 우리가 가장 흔히 쓰는 표현은 *tired* 혹은 *exhausted*입니다.

**I'm really tired (exhausted) today.**
오늘 진짜 피곤하다(지쳤다).

하지만 우리가 피곤함을 느낄 때 그 정도가 항상 동일하지는 않죠. 그래서 상황에 따라 좀 더 풍부한 영어 표현을 사용할 수 있도록 제가 도와드릴게요.

저는 30대 후반이다 보니 체력이 예전 같지 않은 게 느껴집니다. 신체적인 피로를 느낄 때는 *fatigued*라는 표현을 쓸 수 있습니다.

진짜 피곤하면 '완전 뻗었다'고 하잖아요. 그럴 때는 *beat*을 쓰면 됩니다. *Beat*에는 *때리다*라는 의미가 있는데, 많이 얻어맞으면 뻗어버리니까 손가락도 까딱하기 싫은 상태가 됩니다. 그런 느낌을 상상해보세요.

몸을 많이 쓰면 닳아빠지는 느낌이 듭니다. 이럴 때는 *worn out*이라는 표현을 쓸 수 있습니다. *Worn*에는 *닳아빠진*이라는 뜻이 있거든요. 너덜너덜해진 느낌이라고나 할까요.

# 이렇게 씁니다!

① 저의 피로는 주로 신체적인 것입니다.

**I feel fatigued by the end of the day.**
하루가 끝날 때쯤이면 (신체적인) 피로가 느껴진다.

② 격렬하게 신체적인 활동을 하고 나면 몸이 너덜너덜해진 기분이 들죠.

**I'm totally worn out from having a party all night long.**
밤새도록 파티를 하고 나니 완전 피곤해졌다.

③ 피곤할 때는 휴식이 최고입니다.

**I'm beat. I'd (I had) better get some rest.**
피곤하다. 휴식을 취하는 게 좋겠어.

# 085

# '동사 ~ing'가 현재 진행형이라고만 알고 있었나요?

영어권 국가에 나가서 살아보기 전까지, 저는 '동사 ~*ing*'가 현재 진행형이라고 철석같이 믿고 있었습니다. 그런데 원어민들이 하는 말을 들어보니까, 진행형으로 해석하면 뜻이 이상해지는 경우가 종종 있더라고요.

**I'm going there tomorrow.**
나는 내일 거기 가고 있는 중이다?

아니 대체 이게 무슨 소리란 말입니까?

알고 보니 '동사 ~*ing*'가 미래형이 될 수도 있다고 하더라고요.
'응? 미래형은 *will* 혹은 *be going to*라고 배웠는데 그럼 다 같은 건가?'라는 생각을
했지만 조사해보니 어감 차이가 상당하다는 것을 알게 됐습니다.

*Will*은 화자가 말하는 당시, '즉흥적으로 미래에 대한 결정을 내릴 때' 쓸 수 있습니다.
식당에 들어가서 메뉴판을 보고 '샐러드를 먹을 거야'라고 말하는 것처럼요.

*Be going to*는 '계획성 있는 미래'를 뜻합니다. 다음 주에 친구를 만나고, 운동을 하러
가고 이런 계획들을 말할 때 써요.

'동사 ~*ing*형'은 '확정된 미래'입니다. 공연이나 수업 등 확실하게 일어나는 일정을 말
할 때 쓸 수 있습니다.

그럼 다음 페이지에서 예문을 통해 확실하게 각각의 어감을 알아볼까요?

# 이렇게 씁니다!

① 저는 '이런 남자랑 결혼하면 좋겠다'라는 생각을 해본 적이 있습니다. 하지만 즉흥적으로 떠오른 생각이기 때문에 자세한 부분까지 상상하지는 않았습니다.

**I'll marry a handsome man.**
난 잘생긴 남자랑 결혼할 거야.

② 그런데 결혼을 구체적으로 생각하는 시기가 오면 '지금의 남친은 결혼하기 적당한가, 솔로인데 소개팅이라도 해야 하나, 선을 봐서 조건 맞는 남자를 고를까' 등, 이런저런 계획을 세우게 됩니다.

**I'm going to marry a rich man.**
난 돈 많은 남자랑 결혼할 거야.

③ 제 남편은 평범하게 생겼고, 부자도 아닙니다. 하지만 저희는 결혼을 결심하자마자 초고속으로 혼인신고부터 했습니다. 확실하게 미래를 약속한 거죠.

**I'm marrying the love of my life next month!**
나 다음 달에 천생연분인 사람이랑 결혼해!

# 086

# Do not과 don't가
# 같은 뜻이 아닌 이유

동사의 원형과 축약형은 영어를 배우자마자 접하게 되는 아주 기본적인 지식 중 하나입니다.

*Do not*의 줄임말은 *don't*, *I am*의 줄임말은 *I'm* 이런 식으로요.

글을 쓸 때는 웬만하면 축약형을 사용하지 않습니다. 대사나 누군가의 말을 인용하는 경우를 제외하고는요. 이 책은 회화문을 알려주는 책이니 축약형을 많이 썼지만요.

하지만 말할 때는 축약형을 자주 사용합니다. 쉽고 발음하기 편하기 때문이죠. 그렇다면 사람은 편한 걸 좋아하니까 항상 축약형을 쓸 거라고 생각했는데, 그렇지 않은 경우가 종종 눈에 띄었습니다. 어떨 때는 축약형과 비축약형을 말하는 분위기 자체가 다르게 느껴지기도 했고요.

**Don't bother me.**

나 귀찮게 하지 마.

이 말을 들으면 '아… 방해받고 싶지 않구나. 알았어'라고 생각하게 됩니다. 사람은 누구나 혼자 있고 싶을 때가 있잖아요. 그런데

**Do not bother me.**

나 귀찮게 하지 마.

라는 말을 들으면 '어… 귀찮게 했다가는 큰일 나겠는데?'라는 생각이 듭니다. 원어민은 *do not*을 비축약형으로 말할 때 *not*에 강세를 주거든요. 그래서 하지 말라는 의미가 한층 강해집니다.

일반적으로 비축약형은 축약형보다 어감이 강합니다. 그래서 강조하고 싶을 때 씁니다. 축약형으로 쓸 수 있는 것을 굳이 비축약형으로 말하면 더 딱딱하게 들리기도 하고요.

# 이렇게 씁니다!

① 저는 여자로 사는 게 좋습니다.

**I am a woman.**
저는 여자입니다. (am에 강세가 들어가서 내가 여자라는 사실을 강조.)

② 오지랖 넓은 남편이 남 일에 간섭하려고 하면, 저는 돌려 말하기 신공을 발휘해서 말립니다.

**You are not going to do it, right?**
당신 그거 안 할거야, 그치? (not에 강세가 들어가서 하지 말라고 나름 압박.)

③ 못 하거나 하기 싫으면 솔직히 말해야죠.

**I cannot do it.**
난 그거 못 해. (not에 강세가 들어가서 못하거나 하기 싫다는 의미를 강조.)

# 087

# 원어민이 '이상하다'라고 할 때 strange를 안 쓰는 이유

저는 호주에 가기 전까지 *strange*라는 단어를 많이 썼습니다. 살다 보면 이상한 일을 당하거나 이상한 것을 보게 되잖아요.

그런데 호주에 있을 때 원어민들이 *strange*라는 표현을 좀처럼 쓰지 않는다는 것을 눈치챘습니다. 그리고 미국인들도 *strange*를 우리가 생각하는 것만큼 많이 안 씁니다. 미국은 땅이 넓어서 이상한 일이 많고, 이상한 사람도 진짜 많은데 말이죠.

대신 그들은 전혀 다른 단어를 사용하고 있었습니다.

바로 *weird*입니다. 스펠링부터 좀 이상하게 생겼죠? 언뜻 봐서는 발음을 어떻게 해야 하는지 잘 모를 정도입니다. 영어 발음은 글로 설명하기 어려우므로 어떻게 발음하는지 궁금한 분은 사전을 찾아보세요.

우리가 흔히 알고 있는 *strange*는 이상하긴 한데 낯설어서 이상하다는 뜻입니다. *Stranger*는 '이상한 사람'이 아닌 *이방인, 낯선 사람*이라는 의미가 있듯이요.

일반적으로 이상하다고 할 땐 *weird*가 가장 많이 쓰이고, 이상한 사람은 *weirdo*라고 합니다.
*Funny* 역시 미국에 살면서 자주 듣는데 설명하거나 이해하기 곤란해서 이상할 때 씁니다.

'오드 아이'에 대해 들어본 적 있나요? *Odd* 역시 이상하다는 뜻인데, 일반적인 경우와 달리 양쪽 눈동자 색이 다른 '오드 아이'처럼, 뭔가가 맞아떨어지지 않아서 이상한 것을 의미합니다.

이상함을 넘어서 기이하다고 할 때는 *bizarre*를 씁니다. 스펠링부터 기이하게 생겼죠?

# 이렇게 씁니다!

① 느낌은 말로 설명하기 어렵습니다.

**I had a funny feeling about it.**
그것에 대해 이상한 느낌이 들었어.

② 누가 평소와는 다른 행동을 했습니다. 뭔가가 맞아떨어지지 않죠.

**Her behavior was odd this morning.**
오늘 아침에 그녀의 행동이 이상했어.

③ 기이한 것을 봤다면 저는 이렇게 말할 것 같습니다.

**It was so bizarre. I've never seen anything like that before.**
그거 정말 기이했어. 전에 그런 걸 본 적이 없다니까.

## 088 | '~하는 게 낫겠다', had better를 썼더니 무례한 사람이 되었다

영어 교과서와 시험에 지겹도록 나와서 한국인이라면 누구나 알고 있는 표현 *had better*. 그런데 이게 무례할 수도 있는 표현이라는 거 알고 계셨나요?

친구랑 같이 식당에 갔는데, 친구가 뭘 먹을지 고민하고 있어서 전에 내가 맛있게 먹어본 것을 권한다고

**You'd better order spaghetti.**
스파게티를 주문하는 게 낫겠다.

라고 말하면, 상대방이 '네가 뭔데?'라고 생각하며 기분 나빠할 수도 있습니다.

*Had better*는 조언의 의미가 있긴 한데, '~하는 게 좋을걸? 안 그러면…' 이런 어감이 거든요.

*Had better* 안에 *better*가 들어가 있어서인지, "내가 너보다 '더 잘 알아'서 하는 소린데"라는 느낌입니다. 아랫사람에게 강력하게 조언을 할 때는 쓸 수 있겠지만, 윗사람에게 쓰기는 적절하지 않은 표현이고, 상황에 따라서는 '밥맛'인 표현이 될 수도 있습니다.

'~하는 게 어때?'라고 가볍게 권할 때는 *why don't you*를 사용하면 됩니다.

그리고 "딱히 더 나은 선택도 없는데 그거라도 하는게 낫지 않겠어?" 라고 말하고 싶을 때는 *may* (*might*) *as well*을 쓸 수 있습니다.

그럼 다음 페이지에서 예문을 통해 어감의 차이를 확실하게 알아볼까요?

① 제 딸아이의 방이 지저분해서 방 좀 치우라고 살짝 말해봅니다.

**Why don't you pick up your room?**
방 좀 치우는 게 어때?

② 그런데 들은 체도 안 합니다. 방이 너무 더러워서 보기만 해도 스트레스가 팍팍 쌓일 것 같습니다. 그래서 좀 더 강력하게 말해봅니다.

**You'd better pick up your room.**
너 방 좀 치우는 게 좋겠다. (안 그러면… 알지?)

③ 아무런 기척이 없어서 방에 들어가 보니 딸아이는 방에서 그냥 뒹굴뒹굴하고 있습니다.

**You may as well pick up your room.**
너 방 좀 치우는 게 좋겠다. (다른 할 일도 없는데.)

# 089

# 원어민이 근육질의 남자에게 muscular라고 안 하는 이유

저는 일주일에 두 번씩 헬스장에 가서 운동합니다. 날씬한데 굳이 운동할 필요가 있느냐고 묻는 사람들이 있는데, 몸매 유지와 건강관리 차원에서 하는 거예요.

헬스장에 가면 근육이 잘 붙은 멋진 몸매를 가진 남자들을 많이 볼 수 있습니다. 그런데 사람들과 이런 몸매에 관한 이야기를 나눌 때 사람들이 *muscular*라는 표현을 잘 안 쓰더라고요.

**He's muscular.**
그는 근육질이다.


맞는 말이긴 한데 *muscular*는 체육 교과서에나 나올 것 같은 딱딱한 어감입니다. 그렇다면 원어민은 평소에 어떤 표현을 쓸까요?

관리 차원에서 운동하는 저와는 달리, 제 남편은 운동에 심취해 있어서 어디 근육을 어떻게 키우고 유지하는지에 대해 관심이 많습니다. 영화나 드라마에서 근육질 몸매를 가진 남자들이 나오면 저보다 더 많이 감탄하고요. 그 몸매를 만들기 위해 얼마나 많은 노력이 들어갔는지 잘 알기 때문이겠죠.

제 남편이 즐겨 쓰는 표현은 *ripped*와 *swole*입니다. 둘 다 근육질이라는 뜻인데 어감이 다릅니다.

*Rip*에는 **찢다**라는 뜻이 있죠? 그래서 *ripped*는 근육의 찢어진 면(굴곡)이 잘 보일 정도로 근육으로 잘 다져진 몸매를 뜻합니다. 우락부락하게 사이즈가 큰 느낌은 아닙니다.

*Swole*은 부어오른 상태를 뜻하는 *swollen*을 생각해보세요. 근데 살이 쪄서 부은 게 아니라 근육이 빵빵하게 부풀어 오른 모습을 상상하시면 됩니다. 사이즈가 큰 상태입니다.

*Jacked*라는 표현도 자주 쓰이는데 이건 *ripped*와 *swole*의 중간쯤이라고 보시면 됩니다.

① 저는 사이즈가 적당한 게 보기 좋더라고요.

**Did you see Ryan Reynolds in his recent movie? He's ripped.**
최근 영화에 나온 라이언 레이놀즈 봤어? 근육질 몸매던데.

② 많은 사람이 울버린 시절 휴 잭맨의 몸매를 좋아하지만 저는 음…

**Hugh Jackman got jacked for his role, but my favorite part is his hairstyle.**
휴 잭맨이 그 역할 때문에 근육질의 몸매가 됐는데, 난 그의 머리 스타일이 제일 마음에 들어.

③ 많은 남자들이 드웨인 존슨처럼 되고 싶어 하지만, 사람마다 취향이 다릅니다.

**Dwayne Johnson is swole. But it's too much for me.**
드웨인 존슨의 몸매는 근육질인데 나는 좀 부담스러워.

# 090

# 바쁠 때 busy를 다양하게
# 표현하는 방법

저는 굉장히 바쁩니다. 아침에 일어나면 아이들을 준비시켜서 학교에 보내고, 집에 돌아와 일을 시작해서, 오후 3시쯤 아이들을 픽업하러 나가서 볼일까지 함께 보고 들어오면 저녁을 준비할 시간입니다. 밥을 해서 아이들을 먹이고 나면 남편이 퇴근해서 집에 들어오고, 그때부터 아이들을 재울 준비를 합니다.

유튜브를 한다고 해서 제 삶이 뭔가 다이나믹할 거라고 생각하는 분이 많은데 다 똑같은 쳇바퀴 삶입니다.

세상에는 바쁜 사람이 많아서 미국인도 바쁘다는 말을 달고 삽니다. *Busy* 말고도 여러 가지 표현이 들리더라고요.

그럼 몇 가지 알아볼까요?

할 일이 많아서 바쁜 저는 *I've got a lot on my (one's) plate*.라는 표현을 즐겨 씁니다. 여기서 접시라는 건 나의 시간과 에너지를 비유하는 표현인데, '내 접시의 공간은 한정되어 있지만, 그 위에 올려져 있는 게 많으니까 바쁘다'라는 뜻이 되는 거지요.

눈코 뜰 새 없이 바쁠 때는 *swamped*라는 표현을 쓸 수 있습니다. *Swamp*는 늪인데 늪에 빠져 있으면 완전히 파묻혀서 숨쉬기도 힘들겠죠? 그만큼 바쁘다는 의미입니다.

일에 치여서 바쁠 때는 *slammed*를 쓰면 됩니다. *Slam*에는 **쾅 닫다**라는 뜻이 있는데, 문이 내 쪽으로 쾅 닫혀서 내가 이리 치이고 저리 치이는 모습을 상상해보세요.

# 이렇게 씁니다!

① 바쁘면 거절을 할 수도 있어야 합니다.

**I can't help you now. I've got too much on my plate.**
지금은 널 도와줄 수 없어. 너무 바쁘거든.

② 일이 많으면 괴롭습니다.

**I'm swamped with work. I only slept 4 hours last night.**
일 때문에 눈코 뜰 새가 없어서 어제 4시간밖에 못 잤다니까.

③ 바쁜데 누가 일을 더 맡기면 욕 나오죠.

**My boss gave me a lot of work this morning. I'm totally slammed.**
상사가 오늘 아침에 일을 엄청 많이 줬어. 완전 바쁘다.

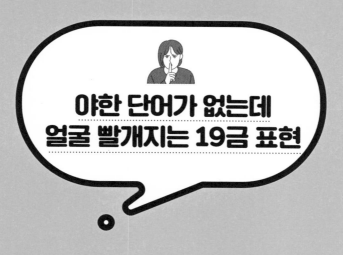

야한 단어가 없는데
얼굴 빨개지는 19금 표현

# 091

# Coffee, 마시는 커피가 아니다?

미드 <빅뱅 이론>을 보면 여자 주인공인 페니가 스튜어트라는 남자와 데이트를 한 후에 집 앞에서

**Do you want to come in for some coffee?**
커피 마시러 들어올래요?

라고 말하는 장면이 나옵니다. 그런데 스튜어트는 커피 마시기엔 좀 늦은 시간이라고 대답을 하고, 페니는 '커피가 진짜 커피인 줄 알았구나…' 라고 말하자 관객들이 웃음을 터트립니다.
저 역시 스튜어트처럼 생각했기에 해당 장면이 왜 웃긴 건지 모르고 지나갔습니다.

**A: I had a great time with you this evening.**
오늘 저녁 당신과 함께한 시간 정말 즐거웠어요.

**B: Me too. Do you want to come in for some 'coffee'?**
저도요. 커피 마시러 들어올래요?

**A: We already had coffee today.**
오늘 이미 커피 마셨잖아요.

**B: Well, then never mind.**
어, 그럼 됐어요. (실망)

**A: Did I do anything wrong?**
내가 뭐 잘못했어요? (눈치 없음)

한국이든 미국이든 여자는 성적으로 조신해야 한다는 관념이 있습니다. 남자가 많은 여자와 자봤다고 말하면 자랑이 될 수 있지만, 여자가 많은 남자와 자봤다고 말하면 쉬운 여자 취급을 받는 경우가 흔한 것처럼요. 그래서 여자는 '싸 보이지 않기' 위해 직접적인 방법보다는 간접적인 힌트를 사용해서 말하는 걸 선호하는 듯합니다.

한국에서는 '라면 먹고 갈래?'라고 말하면 '우리 집에서 자고 갈래?'라는 뜻이 될 수 있듯이 미국에서도 비슷합니다. 다만 미국에서는 라면이 국민 음식이 아니기 때문에 커피로 표현하는 것뿐이지요.

그러니까 여자 경험이 별로 없었던 순진한 스튜어트는 굴러들어 온 기회를 발로 차버린 겁니다.

## ▶ **Do you want to come in for some coffee?**

커피 마시러 들어올래요? (들어와서 자고 갈래요?)

# 이렇게 씁니다!

① 커피가 항상 성적인 것을 의미하는 건 아니지만, 상황에 따라서는 그렇게 해석될 수도 있습니다.

**We had coffee together.**
같이 커피 마셨어요. (같이 잤어요.)

② 오밤중에 누군가가 뜬금없이 "커피 마시러 갈래?"라고 물어본다면 분위기를 잘 살피는 게 좋습니다.

**Do you want to go grab some coffee?**
커피 마시러 갈래요? (나랑 잘래요?)

③ 하지만 잘못 해석할 수 있는 여지도 있으니 항상 조심해야 합니다.

**She suggested coffee, and she really meant coffee. Bummer.**
그녀가 커피를 마시자고 했는데, 진짜로 커피라는 뜻이었어. 에잇.

# 092

# 애들은 모르는
# 성인들의 lucky

다프트 펑크의 <*Get lucky*>라는 노래를 들어보면 '운이 좋다' *get lucky*라는 가사가
수없이 반복됩니다. '좋은 게 좋은 거지, 운이 좋은 걸 마다할 사람이 있겠어'라고 생각
할 수 있지만, 가사를 자세히 들여다보면 내용이 야릇합니다.

**We're up all night to get lucky.**
우리는 행운을 잡기 위해 밤새도록 깨어 있어.


카지노에서 밤새도록 슬롯머신을 당기기라도 하는 걸까요?


**A: Did you have fun?**

재밌는 시간 보냈니?

**B: Yeah. I got lucky at a club last night.**

응. 어젯밤 클럽에서 운이 좋았다니까.

**A: Oh, cool. You got free drinks or something?**

좋네. 공짜 술이라도 얻어 마신 거야?

**B: Aww, you're cute.**

아, 너 귀엽다. (너 순진하구나)

**A: Why am I cute?**

내가 왜 귀여운데? (어리둥절)

'운'의 정의는 사람마다, 상황에 따라 다릅니다.

그런데 누군가가 밤에 *get lucky* 했다, 클럽에 갔는데 *get lucky* 했다고 말한다면, 그냥 단순한 행운이 아닌 야한 의미라고 보시면 됩니다. '운 좋게도 누군가랑 자게 됐다'라는 뜻이거든요.

> **We're up all night to get lucky.**
> 우린 밤새도록 재미를 봤어.

> **I got lucky at a club last night.**
> 어제 클럽에서 만난 사람이랑 잤거든.

저는 임자가 있는 몸이므로 저런 상황이 *lucky*에 해당되지 않습니다만… 으흠.

# 이렇게 씁니다!

① 만일을 대비해 클럽에 갈 때는 속옷에 신경 쓰는 게 좋을 수도 있죠.

**I'm wearing Calvin Klein briefs just in case I get lucky tonight.**

오늘 밤에 혹시 모르니까 캘빈 클라인 팬티를 입고 왔어.

② 클럽에서 누군가가 대놓고 나에게 들이대는데 그 사람이 마음에 든다면

**It looks like I'm going to get lucky tonight.**

오늘 밤에는 운이 좋을 것 같아. (저 사람이랑 잘 수 있을 것 같은데.)

③ 친구가 여자랑 같이 나갔는데 그 뒤가 어떻게 됐는지 궁금할 수도 있죠.

**How did it go? Did you get lucky?**

어떻게 됐어? 걔랑 잤니?

# 093

# Package에 소포 말고 다른 뜻이?

요즘엔 어떤지 모르겠지만, 제가 한국에 살 때는 지하철을 타면 쩍벌남을 자주 볼 수 있었습니다. 다리 아프게 서서 가는 사람도 많은데 다리를 쫙 벌린 채 좌석 공간을 많이 차지하고 있는 사람들을 보면 눈살이 찌푸려졌고요. 그런데 저희 남편도 쩍벌남을 싫어해서 볼 때마다

**His package is not that big.**

패키지가 큰 것도 아닌데.

라고 말하곤 했습니다. *Package*에는 소포라는 뜻이 있어서 처음에는 '가지고 있는 물건도 없이 그렇게 많은 공간을 차지하냐?'라는 뜻인 줄 알았습니다. 그런데 알고 보니 나름 쩍벌남들을 모욕(?)하는 표현이더라고요.

**A: Is manspreading really necessary?**

꼭 저렇게 다리를 쫙 벌리고 앉아야 하나?

**B: His package is not that big.**

패키지가 큰 것도 아닌데 말이야.

**A: What package? He doesn't have anything in his hand.**

무슨 패키지? 저 사람 손에 아무것도 안 들고 있는데.

**B: Oh, I meant a different package.**

아, 다른 뜻이 있어.

패키지 안에는 다양한 물건이 들어갈 수 있습니다. 종합 세트일 수도 있고요.
남자의 패키지라고 하면 다리 사이의 그 부분을 뜻합니다. 2개의 부위를 합쳐서 패키
지라고 부르는 거죠.

## ▶ His package is not that big.

거기가 그렇게 큰 것도 아닌데 말이야.

여자와 달리 남자는 다리 사이에 튀어나온 신체 부위가 있기 때문에, 다리를 오므리고
앉는 게 불편하다고 합니다. 그래서 적당히 벌리는 것은 이해하지만, 쩍벌남은 어느
나라에서든 비호감입니다. 오죽하면 *manspreading 남자가 다리를 (쩍) 벌리고 앉는 행
동*이라는 단어가 있겠어요.

# 이렇게 씁니다!

① 남자 속옷 광고 모델을 보면 눈을 어디다 둬야 할 지 모르겠습니다.

**It's hard not to look at his package.**
그 남자의 거기에 시선을 안 줄 수가 없단 말이야.

② 남자의 사이즈가 중요하다고 생각하는 사람이 많은 것 같습니다.

**I heard John has a huge package.**
내가 들었는데 존 거기가 겁나 크대.

③ 해변에서 스피도(삼각팬티) 수영복을 입은 남자를 보면 부담스럽습니다.

**It looks like he's trying to show off his package in his Speedo.**
저 남자, 삼각팬티 수영복을 입고 거기 크기를 과시하려는 것 같은데.

# 094 | 함부로 만지면
# 민망해져요

우리는 가려운 곳을 긁거나 샤워를 하는 등, 하루 종일 온갖 행동을 하면서 자기 몸을 만지게 됩니다. 하루는 내 몸을 만졌다고 말하려고

**I touched myself.**
나 자신을 만졌어(?).

라고 말했는데 갑자기 남편이 박장대소를 하는 겁니다. 저는 영문도 모른 채 멀뚱하게 있다가 남편이 *touch oneself*의 뜻을 설명해주자마자 얼굴이 완전히 빨개졌습니다.

**A: I went to Eric's housewarming party yesterday.**

어제 에릭네 집들이에 갔어.

**B: What did you do at Eric's house?**

에릭네 집에서 뭐 했는데?

**A: I touched myself.**

나 자신을 만졌지(?).

**B: You did what?**

너 뭐 했다고? (웃음)

*Touch oneself*가 자신을 만진다는 뜻은 맞는데, 팔이나 다리가 아닌 '은밀한 부위'를 만지는 것을 뜻합니다. 남자라면 휴지가 필요하겠고 여자는 사람마다 다르겠죠.

와, 진짜 이 뜻을 듣고 미치는 줄 알았습니다. 저는 그런 의미로 말한 게 아닌데 본의 아니게 민망해졌습니다. 남편 앞에서 그랬으니 망정이지 남자 사람 친구 앞에서 그런 일이 벌어졌다면, 으… 상상도 하기 싫네요.

여러분은 *touch oneself* 꼭 기억했다가 저 같은 실수하지 마세요!

 **I touched myself.**

나 자위했어.

# 이렇게 씁니다!

① 여행 중 여러 사람이 한 방에 묵는 게스트하우스에 머무르다 보면 가끔 신기한 사람들이 있습니다.

**I'm pretty sure she touched herself last night. I could hear her.**
어제 그 여자가 자위를 한 게 확실하다니까. 하는 소리를 들었어.

② 영화 <데드풀> 1편에서 데드풀이 악당들을 시원하게 쓸어버린 후, 만족감을 느끼며 이런 대사를 내뱉습니다.

**I'm touching myself tonight.**
오늘 밤에는 딸을 쳐야겠어.

③ 어린 남자아이들은 자신의 은밀한 부분을 만지는 일이 종종 있습니다. 어떤 부모들은 그걸 심각하게 받아들이며 고민합니다.

**Why does my boy touch himself?**
왜 우리 아들이 거기를 만지는 거죠?

# Come,
# 대체 뭐가 온다는 걸까?

남편과 데이트를 하던 시절, 남편을 만나러 가는 길에

**I'm coming.**

가는 중이야(?).

라고 문자를 보냈더니 이런 답변이 왔습니다.

**What? You're not doing anything.**

뭐? 너 아무것도 안 하고 있잖아.

열심히 가고 있는데 이 인간이 무슨 소리를 하는 건가 싶어서 무슨 뜻이냐고 물어봤
는데, 설명을 듣고 나서 엄청 당황했습니다.

**A: Are you almost there?**

거의 도착했니?

**B: I'm coming.**

가고 있어(?).

**A: Oh, I'm dirty-minded.**

아, 야한 생각을 해버렸네.

**B: What?**

뭐라고? (어리둥절)

*Come*은 남녀가 성관계를 할 때 절정이 '온다'라는 뜻입니다.

 **I'm coming.**

절정이 오고 있어.

성인물에 자주 나오는 대사라고 합니다. 그래서 남편이 문자로 저를 놀린 거지요. 그 이후로 저는 *I'm coming* 뒤에 다른 단어를 붙여서 *I'm coming home*. '집에 가는 길이야.' 이런 식으로 쓰게 됐습니다.

*I'm coming.*이라고만 하면 여러분의 원어민 친구도 야한 의미를 떠올릴 수 있습니다. 앞서 나온 *touch oneself*를 할 때도 *come* 할 수 있습니다. 둘이 하든, 혼자서 하든, 절정이 오기만 하면 됩니다.

# 이렇게 씁니다!

① 절정의 순간이 지나가고 나면

**I came.**
절정을 경험했어.

② 안 느꼈는데 연기를 한 거라면

**I didn't come, but I had to fake it.**
절정을 안 느꼈는데 그런 척 해야 했어.

③ 남자는 이런 고민을 할 때도 있다고 합니다.

**How can I make my girlfriend come?**
어떻게 하면 여자 친구를 절정에 다다르게 할 수 있을까?

# Hump라는 단어를 듣고
# 음란 마귀가 낀 사연

앞서 제가 알려드린 *hump day*라는 표현 기억하시나요? 낙타의 혹이 툭 튀어나온 것처럼, 주중 평일의 정중앙에 위치한 '수요일'을 지칭하는 표현입니다. 설마 벌써 까먹지는 않았겠죠?

그런데 *hump*에는 **툭 튀어나온 곳, 혹**이라는 뜻 말고도 야릇한 의미가 있었습니다. 어느 날 누가 페이스북에 어떤 동영상을 올렸는데, 그걸 보면서 원어민 친구들이 박장대소를 하며 너무 재미있어하더라고요.

**A: This video is funny as hell!**

이 영상 겁나 웃기다.

**B: What's so funny?**

뭐가 그렇게 웃긴데?

**A: This dog is humping the table leg!**

이 개가 탁자 다리의 튀어나온 곳을 뭐…? (해석 불가)

**B: The table leg has a hump or something?**

탁자 다리에 혹이라도 있는 거야?

**A: Come here. You've got to see this.**

이리 와. 너도 이거 봐야 해.

어떻게 해석해야 할지조차 모르겠는 문장이었습니다. 하지만 해당 동영상을 눈으로 확인하는 순간 어이없는 광경에 할 말을 잃고 말았습니다.

제가 *hump day*를 처음 들었을 때 음란 마귀가 끼어서 야한 뜻인 줄 알았다고 한 것 기억나세요? 바로 개가 탁상 다리를 *hump* 하는 어이없는 동영상을 본 후, *hump*의 19금 의미부터 먼저 배워서 그렇습니다. 이래서 사람은 친구를 잘 사귀어야 합니다. 흐흠.

*Hump*는 다리 사이의 은밀한 부위를 어떤 사물에 대고 앞뒤로 왔다갔다 비비는 행동을 뜻하기도 합니다. 동물, 사람의 행위 모두 해당됩니다.

### ▶ This dog is humping the table leg!

이 개가 탁자 다리를 다리 사이에 대고 비비고 있어.

정서의 차이인지는 모르겠지만, 원어민은 동물이 인형이나 뭔가 어이없는 사물에 대고 *hump*하는 것을 굉장히 웃기다고 생각합니다. 저는 남사스러운 저질 농담이라고 느끼는데 말입니다.

# 이렇게 씁니다!

① 개에 관한 유머 동영상이 유독 많은 걸 보면 개는 hump 하는 행위 자체를 좋아하는 걸까요?

**It seems like dogs like to hump just about anything.**
개는 뭐든지 다리 사이에 대고 왔다 갔다 비비는 걸 좋아하나 봐.

② 주인의 다리에 대고 그러기도 한답니다.

**My dog keeps humping my leg.**
내 개가 자꾸 내 다리에 대고 왔다 갔다 비벼.

③ 발칙한 곰 인형이 주인공으로 나오는 19금 <테드>라는 영화에서는, 테드가 슈퍼마켓 계산대에서 야릇한 행동을 하는 장면이 나옵니다.

**Ted was humping the card reader in front of a pretty girl.**
테드가 예쁜 여자 앞에서 카드 단말기에 대고 앞뒤로 움직이는 시늉을 하고 있었다.

## Get busy,
## 뭐 하느라고 바쁘지?

*Get busy*에는 일반적으로 *일을 시작하다*라는 뜻이 있습니다. *Get* 다음에 형용사가 오면 *~한 상태가 된다*는 뜻이니까 바빠지려면 어떤 일을 해야겠죠.

픽사 애니메이션 <인크레더블> 1편을 보면 인크레더블 가족이 악당인 신드롬에게 붙잡히는 장면에서 이런 대사가 나옵니다.

**You married Elastigirl? And got busy!**
너 엘라스티걸이랑 결혼해서 바빴구나!

<인크레더블>은 가족 영화이기 때문에 이 장면을 보는 아이들은 '아빠 엄마가 가정을 꾸리고 일을 하느라 바빴구나'라는 생각을 했을 겁니다. 하지만 성인들은 같은 장면을 보면서 그 안에 숨어있는 뜻을 눈치 채고 속으로 웃었을지도 모릅니다.

**A: I saw something interesting while taking a walk the other day.**
전에 산책하다가 흥미로운 걸 봤어.

**B: What did you see?**
뭘 봤는데?

**A: A couple was getting busy behind the bushes.**
어떤 커플이 수풀 뒤에서 바쁜 걸 봤거든(?).

**B: Busy doing what?**
뭘 하느라고 바빴는데?

진저쌤의 TIP

남녀가 *get busy* 했다면 어떤 일로 바빴던 걸까요? 여기서 *busy*는 둘이서 몸을 바쁘게 움직여야 하는 행동, 그러니까 '성관계를 한다'는 뜻입니다.

### ▶ You married Elastigirl? And got busy!

너 엘라스티걸이랑 결혼해서 밤에 바빴구나! (그래서 애도 둘이나 낳고)

영어에는 이렇게 이중적인 의미를 가진 표현이 꽤 많아서, 전체관람가 영화라도 아이는 아이 수준에서 이해하고, 어른은 아이가 모르는 표현을 눈치 채면서 쏠쏠한 재미를 느낄 수 있습니다.

## 이렇게 씁니다!

① 신혼부부는 초반에 아주 바쁩니다.

**Newly married couples get busy all the time in the beginning of their marriages.**

갓 결혼한 커플들은 결혼 생활 초반에 관계를 자주 갖는다.

② 누군가의 모습이 흐트러져 있고 조금 전에 뭘 했는지 다 티가 나는 경우

**Somebody got busy.**

누가 19금 행동을 했나 보네.

③ 분위기를 깨지 않게 핸드폰은 잠시 무음으로 해둡시다.

**We were getting busy, but then his phone rang.**

한창 관계를 갖고 있는데 걔 전화가 울렸지 뭐야.

# 098

# 사람을 박살낸다니 이 대체 무슨…

어느 날 시트콤을 보고 있는데 이런 장면이 나왔습니다. 여자 둘이서 어떤 남자에 관해 이야기하다가 갑자기

**If you want to smash him, go for it.**
그 남자를 박살 내고 싶으면 그렇게 해(?).

이런 대사가 나왔습니다. 아니 그 남자가 대체 얼마나 못된 짓을 했길래 대놓고 박살 내라고 말하는 걸까? 상대방 여자는 '응 알았어'라고 대답한 뒤 그 남자에게 갔는데, 화를 씩씩 내면서 뺨이라도 때릴 줄 알았더니 웬걸? 그 여자는 제가 상상도 못 한 행동을 했습니다.

**A: What do you think of him?**
그 남자에 대해서 어떻게 생각해?

**B: He's so cute, totally my type.**
완전 귀여워. 딱 내 타입이야.

**A: If you want to smash him, go for it.**
걔를 박살 내고 싶으면 그렇게 해(?).

**B: What? No! It's brutal.**
뭐? 헐! 그건 잔인하잖아. (얘가 뭔 소리를 하는 거야?)

남자를 *smash* 하려고 찾아간 여자는 남자의 뺨을 때린 게 아니라 유혹을 하며 남자를 덮쳤습니다. 제가 놀란 게 눈에 보였는지, 옆에서 드라마를 같이 보던 남편이 요즘 젊은이들은 *smash someone*이라는 표현을 즐겨 쓴다고 설명을 해주었습니다.

### ▶ If you want to smash him, go for it.

그 남자랑 자고 싶으면 그렇게 해.

욕구가 끓어올라서 행위에 심취하면 몸이 박살 날 정도로 격렬하게 할 수도 있겠네요. 에너지가 팔팔한 젊은이들이 왜 *smash*를 쓰는지 조금은 알 것 같습니다.

# 이렇게 씁니다!

① 섹시한 여자를 보면 남자들은 이런 생각을 할 수도 있겠지요.

**Dang! I want to smash her.**
와. 저 여자랑 하고 싶다.

② 여자도 섹시한 남자를 보면 비슷한 생각을 할 수 있습니다.

**Have you ever imagined smashing him?**
그 남자랑 하는 거 상상해봤어?

③ 하지만 그림의 떡이라면 그냥 판타지로 남겨야겠죠.

**I wish I could smash her.**
그 여자랑 해봤으면 좋겠다.

# 099

# 은밀한
# 의사 놀이

누구나 어렸을 때 의사와 환자 놀이를 해본 경험이 한번씩 있을 거예요. 가짜 청진기를 배에 대고 진찰을 하고, 장난감 주사기로 엉덩이에 주사를 놓는 시늉을 하는 등, 아이들은 병원 놀이를 하면서 즐거워합니다.
그런데 어느 날 친구가

**We played doctor.**
우리 의사 놀이를 했어.

라고 말하는데 표정이랑 분위기가 야릇한 겁니다. 아니 이 사람들, 병원 놀이를 하면서 대체 무슨 짓을 한 거야?

**A: I had a wonderful anniversary with my boyfriend.**

어제 남자친구랑 멋진 기념일을 보냈어.

**B: Cool. How did you celebrate it?**

좋네. 어떻게 기념했는데?

**A: We played doctor.**

의사 놀이를 했지.

**B: Aren't you guys a little old for that?**

너네 그런 거 하기엔 좀 나이가 들지 않았어?

아이들이 의사 놀이를 할 때는 체온을 재고 주사를 놓는 척을 하지만, 어른이 의사 놀이를 하면 어떻게 될까요?

아마 롤 플레이를 할 겁니다. '상의 좀 올려 봐요, 주사를 놓을 테니 바지를 내려 보세요,' 앗 너무 적나라했나요? 흠흠…

의사는 환자의 몸을 진찰할 수 있으니, 어른들의 의사 놀이는 그러는 척하면서 연인의 몸을 탐방하는 겁니다.

## ▶ We played doctor.

의사 환자 롤 플레이를 했지.

친구의 표정이 야릇했던 이유가 있었네요.

어린아이들이 의사 놀이를 하면서 상대의 은밀한 부위를 보는 경우도 있다는데, 성적인 의미라기보다는 단순한 호기심 때문이라고 합니다.

# 이렇게 씁니다!

① 의사 놀이는 잘만 하면 연인 관계에 활력을 불어넣어 줄 수 있다고 합니다.

**My girlfriend is so hot when she plays doctor.**

내 여자 친구는 의사 놀이를 할 때 엄청 섹시해.

② 하지만 어떤 사람에게는 별로일 수도 있겠죠.

**I think playing doctor is perverted.**

의사 놀이는 변태적인 것 같아.

③ 의사 놀이, 해보고 싶나요?

**Have you ever played doctor before?**

전에 의사 놀이 해본 적 있어요?

# 100

# <겟 썸>, 멀쩡한 영화 제목을 왜 19금스럽게 번역했을까?

저는 *get some*이라는 표현을 호주에서 처음 들었습니다.

당시 유행하던 노래가 있었는데 가사에 *get some ziggy ziggy*라는 부분이 있던 걸로 기억합니다. 신나는 분위기의 록 음악이어서 자주 듣긴 했지만, 당시 저는 현지인의 영어도 제대로 못 알아듣는 상태라 팝송 가사의 뜻은 전혀 몰랐죠.

그러던 어느 날 누가 제가 그 노래를 듣는 걸 보고

**Do you know what 'get some' means?**

너 *get some*이 무슨 뜻인지 아니?

라고 묻길래 '아뇨'라고 대답했더니 아주 친절하게 의미를 설명해주었습니다. 그리고 제 얼굴은 홍당무가 되었습니다.

**A: Joe is an asshole.**

조는 나쁜 녀석이야.

**B: He's kind of ugly too.**

좀 못생기기도 했지.

**A: Yeah. I don't understand how he gets some all the time.**

맞아. 그런 녀석이 어떻게 항상 몇 개를 얻는지 이해가 안 된단 말이야(?).

**B: What does he get?**

뭘 얻는데?

우리는 성적인 단어를 직접적으로 말하는 걸 꺼리는 경향이 있습니다. 아무래도 민망하기 때문이겠죠. (저는 이 챕터에서 돌려서 쓰고 있는데도 민망합니다.) 그래서 영어에서도 이런 단어를 직접 사용하는 대신 요리조리 간접적으로 표현하는 일이 많습니다.

*Get some*도 그중 하나인데, **성관계를 한다**는 뜻입니다. 앞서 나온 *coffee, get lucky, hump, get busy, smash, play doctor* 등 다양한 단어들이 의미하는 것은 한 가지 행위입니다.

## ▶ I don't understand how he gets some all the time.

그런 녀석이 어떻게 밥 먹듯이 여자랑 자고 다니는지 이해가 안 된단 말이야.

욕을 많이 하는 나라에는 다양한 욕이 있다고 하죠? 미국은 한국보다 성적으로 개방적이어서 관련 표현이 많나 봅니다.

격투 액션 영화 좋아하는 분이라면 다 알만한 <겟 썸>이라는 영화의 원래 제목은 <*Never Back Down*>(절대 패배를 인정하지 마)입니다. 슬랭 사전인 '어반 딕셔너리'에 보면, 전투 용어로도 쓰인다고 나오는데, 아마 대부분의 원어민은 19금 뜻을 먼저 떠올릴 겁니다. '겟 썸'이라는 제목을 본 순간, 저와 남편은 '아니 이렇게 민망한 번역이?'라며 웃음을 터트렸으니까요.

① 욕구가 끓어오를 때면

**I need to get some.**

누구랑 자야겠다.

② 남녀가 둘이 있는데 다음 상황은 안 봐도 비디오라면

**He's going to get some for sure.**

저 남자 오늘 확실히 하겠구나.

③ 클럽에서 마음이 맞는 사람과 만나면 즐길 수도 있죠.

**Did you get some last night? You left a club with a girl.**

어젯밤에 뜨거운 시간 보냈어? 여자랑 같이 클럽을 나가던데.

산전수전 다 겪고 알려주는
진저의 실전 미국 영어

2019년 12월 2일 초판 1쇄 발행

**지 은 이** | 조향진
**펴 낸 이** | 서장혁
**기획편집** | 이경은
**디 자 인** | 정인호
**마 케 팅** | 한승훈, 안영림, 최은성

**펴 낸 곳** | 토마토출판사
**주　　소** | 경기도 파주시 회동길 216 2층
**T E L** | 1544-5383
**홈페이지** | www.tomato4u.com
**E-mail** | support@tomato4u.com
**등　　록** | 2012. 1. 11.
**I S B N** | 979-11-90278-14-0 (13740)